Syniad Da
Y bobl, y busnes – a byw breuddwyd

AR BEN Y FFORDD
Profiadau Ysgol Yrru Dwyfor

Argraffiad cyntaf: 2016

ⓗ Gwasg Carreg Gwalch

Rhif rhyngwladol: 978-1-84527-568-6

Mae'r cyhoeddwr yn cydnabod cefnogaeth ariannol
Cyngor Llyfrau Cymru

Cynllun clawr: Sion Ilar

Cyhoeddwyd gan Wasg Carreg Gwalch,
12 Iard yr Orsaf, Llanrwst, Conwy, LL26 0EH.
Ffôn: 01492 642031 Ffacs: 01492 641502
e-bost: llyfrau@carreg-gwalch.com
lle ar y we: www.carreg-gwalch.com

Ar Ben y Ffordd

Profiadau Ysgol Yrru Dwyfor

Thomas Owen Williams

Teulu Gwnhingar

Cyflwynedig i Jean
ar ddathlu ein Priodas Aur eleni
ac i'n plant a'u teuluoedd

Thomas Owen

Cyflwyniad

Tybed sawl tro yr ydach chi wedi melltithio cael eich dal y tu ôl i gar yn cael ei yrru gan ddysgwr ac yn methu'n glir a chael cyfle i oddiweddyd? Ydi, mae'n beth digon cyffredin, ond yr hyn sy'n rhaid ei gofio ydi eich bod chi eich hun wedi bod yn ddysgwr unwaith ac mae'n siŵr fod pwysau gwaed sawl un wedi codi wrth orfod eich dilyn chithau rhyw dro!

Rhaid i bob un ohonom sydd eisiau gyrru car fod yn ddeilydd trwydded gyfreithlon wrth gwrs, ac mewn erthygl yn y Cambrian News yn mis Hydref 2015, adroddwyd mai dysgwyr o Bwllheli a'r cylch oedd ar ben y rhestr am lwyddo yn eu prawf gyrru ymarferol yn ôl ffigyrau yr Asiantaeth Yrru, y DVLA. Yn ôl yr ystadegau, nodir fod ardal Pwllheli ar ben y rhestr yng Nghymru ac yn drydydd drwy Brydain gyda bron i dri chwarter o'r rhai sy'n sefyll eu prawf yn llwyddo. Mae hyn lawer uwch na chyfartaledd Prydain o 46.7%. I hyfforddwyr gyrru megis Thomas Owen Williams o Efailnewydd a'i debyg mae'r diolch am hyn yma yn Llŷn ac Eifionydd ac maen nhw wedi sicrhau fod llu o bobl ifanc, a rhai hŷn, bellach yn gymwys i yrru ar ein ffyrdd.

Y wers yrru hanesyddol gyntaf

Wyddech chi mai'n ôl yn 1910 ger Peckham yn ne Llundain y rhoddwyd y wers yrru swyddogol gyntaf a hynny gan fab i feddyg sef Stanley Roberts. Sylweddolodd y gŵr hwn fod cyfle i wneud arian mawr o foduro – diwydiant oedd yn dechrau cropian yn llythrennol – a chychwynnodd ei ysgol yrru ei hun a'i henwi'n 'British School of Motoring' a adnabyddir heddiw fel BSM. Cyn goetsmon oedd ei ddisgybl cyntaf fu'n ddigon hirben i sylweddoli na fyddai llawer o alw am gar a cheffyl ymhen amser ac roedd yn awyddus i ail hyfforddi yn sioffyr. Cynyddodd y galw am wersi gyrru ac wrth i unigolion eraill sefydlu eu busnesau hyfforddi eu hunain, prynodd Stanley Roberts fwy o geir ac adleoli i ardal Piccadilly yn Llundain gan ehangu ledled y wlad yn ddiweddarach.

Oherwydd fod y prawf gyrru bellach yn eithaf ymestynnol, mae'r Asiant Yrru Safonol yn awgrymu y dylai'r dysgwr arferol gael ryw 52 awr o hyfforddiant, ond dim ond pedwar diwrnod roedd gwersi Stanley Roberts yn para! Rhyw ddeg swllt, neu hanner can ceiniog, yr awr roedd o'n godi o'i gymharu ag ugain i ddeg punt ar hugain yr awr heddiw.

Ysgafn iawn oedd pwysau traffig ar y lôn ar ddechrau'r ganrif ddiwethaf gyda mwy o geffylau a throliau na cheir, ond bellach mae oddeutu tri deg miliwn o gerbydau ar ein ffyrdd a phan fydd ein dwylo ar y llyw, mae gofyn inni fod yn gwybod yn iawn beth rydym yn ei wneud erbyn hyn. Cofiwch, ni ddaeth y prawf gyrru swyddogol i fodolaeth tan 1935. Y cyfan oedd yn rhaid i bob un ei wneud cyn hynny oedd anfon am drwydded cyn belled eu bod yn gallu profi iddynt dderbyn cyfarwyddyd o ryw fath.

Y person cyntaf i lwyddo'n ei brawf gyrru oedd gŵr o'r enw Mr Beene, o ardal gefnog Kensington, Llundain a'r rhif ar ei drwydded oedd 000001. Go brin ei fod yn perthyn i'r Mr Bean anffodus hwnnw mae'r actor Rowan Atkinson yn ei bortreadu ar y teledu ac mewn ffilmiau! Erbyn heddiw, mae'r prawf gyrru wedi newid yn arw o'r pum munud ar hugain yn nyddiau Mr Beene i ddeugain munud gyda phrawf ysgrifenedig, neu gyfrifiadurol bellach, o hyd at awr. Heddiw, byddai Stanley Roberts, fu farw'n 1957, yn rhyfeddu at y datblygiad yn maes hyfforddi gyrru a'r ffaith fod bron i hanner can mil o hyfforddwyr gyrru cydnabyddedig yn y wlad. Byddai'n cael sioc hefyd o weld fod y prawf heddiw'n costio chwe deg a dwy o bunnoedd yn ystod yr wythnos, saith deg pum punt dros y Sul a thri deg un o bunnoedd am y prawf theori. Saith swllt a chwe cheiniog neu ryw dri deg wyth o geiniogau yn arian heddiw, oedd pris y prawf yn ei ddyddiau o!

Yr hyfforddwr o Lŷn

Bymtheng mlynedd a'r hugain yn ôl y penderfynodd gŵr o Lŷn ei fod am arallgyfeirio a mentro i fyd hyfforddi gyrwyr yr ugeinfed a'r unfed ganrif ar hugain. Dros y blynyddoedd, mae Thomas Owen Williams wedi hyfforddi llu o yrwyr ac mae ganddo stôr o hanesion dan glust ei gap neu dan fonet y car yn yr achos hwn efallai! Dowch ar daith hefo fo i glywed ei hanes.

Rhian Jones

Haul tu ôl i gwmwl rhyfel

Bron i bum mis cyn diwedd yr Ail Ryfel Byd y cefais i, Thomas Owen Williams fy ngeni ar 24ain Ebrill, 1945 yn un o bump o blant Owen a Mair Williams. Mab Beudy Mawr, Rhydyclafdy sef fferm ar y ffordd i fyny am Fynytho oedd fy Nhad. Y fo oedd yr hynaf o saith o blant. Merch Pen-y-Bryn, Llannor oedd Mam, hithau hefyd yn un o saith o blant. Pan yn ugain oed, aeth fy Nhad i Fairfax, Manitoba yng Nghanada gan ddychwelyd yn dair a'r hugain oed i ffermio Beudy Mawr. Cyn mynd, roedd wedi dechrau canlyn fy Mam ac fe ddywedodd wrthi y dychwelai adref ymhen amser ac iddi ddisgwyl amdano. Wel, fe gadwodd at ei air, yn do!

Plant Penybryn, Llannor a'u rhieni
Rhes gefn (o'r chwith): Thomas Gough, Catrin,
Gruffydd, Gwên Lleyn, Jane, Mair (mam)
Rhes flaen: Ifan Tŷ Corniog; nain, taid, Huw Llannerch

Roedd ewythr fy Nhad, sef brawd Nain, wedi ymfudo i Ganada tua diwedd y bedwaredd ganrif a'r bymtheg ac roedd ganddo fusnes coed mawr yno. Roedd o wedi ennyn ryw chwilfrydedd yn fy Nhad i fynd ato a doedd dim troi'n ôl i fod. Mae hyn yn dal i ddigwydd heddiw yn dydi, gyda sawl person ifanc o Gymru yn troi eu golygon i weithio ar ffermydd mewn gwledydd fel Awstralia a Seland Newydd am gyfnod.

Wedi mordaith hir, cyrhaeddodd fy Nhad y cyfandir newydd ar long y Mauritania. Roedd hon yn chwaer long i'r Lusitania a suddwyd pan daniwyd torpido Almaenaidd tuag ati yn ystod yr Ail Ryfel Byd. Ym Manitoba, bu Nhad yn helpu i dorri coed anferthol haf a gaeaf. Cofiaf o'n dweud fod y gaeaf yn sobor o oer yno ac y byddai'n rhaid gwisgo balaclafa gan y byddai'r tymheredd yn gostwng mor isel â -20 gradd Farenheit ambell dro. Roedd tywydd oer y gaeaf yn gallu bod yn ddidrugaredd yno ond roedd yn rhaid parhau i weithio doed â ddel. Doedd bywyd coedwigwr ddim yn hawdd yn y cyfnod hwn ond fe ddaliodd ati'n ddigon dygn a dychwelyd adref i briodi wedi cael gweld ychydig ar yr hen fyd yma.

Fy nhad yn Manitoba, Canada tua 1930

Owen Williams, Beudy Mawr,
1936, Taid Gwnhingar, sef fy nhad

Mae gan Mary fy chwaer, ryw frith gof o Mam yn dweud wrthi fod fy nhad yn un o bedwar o'r ardal yn mynd am Manitoba hefo'i gilydd. Cyn gadael, cynhaliwyd ryw fath o wasanaeth ffarwel iddynt yng Nghapel Peniel, Llanbedrog o bosib. Dychwelodd fy Nhad ac un arall adref ymhen tair mlynedd ond arhosodd y ddau arall yng Nghanada. Tybed pwy oedd y lleill ac oes teuluoedd iddynt yn Llŷn o hyd heb sôn am y ddau arhosodd yng Nghanada? Byddai'n ddifyr gwybod.

Mae Mary'n difaru na chymerodd fwy o ddiddordeb yn y stori gan Mam ac y dylai fod wedi holi mwy arni. Mae rhyw dueddiad ynom dwi'n meddwl i beidio holi a gwrando mwy tan mae hi wedi mynd yn rhy hwyr i wneud rhywbeth am y peth. Mae gan fy nghyfnither, Dilys Prydderch o Lanbedrog, rhyw frith gof o'r hanes hefyd ac fod tacsi wedi dod i nôl fy Nhad a mynd â fo yr holl ffordd i aros yng Ngwesty'r Adelphi yn Lerpwl cyn byrddio'r llong drannoeth. Roedd ganddo hiraeth mawr wrth eistedd yn y tacsi a gyrru lawr y lôn o'i gartref meddai hi!

Dychwelodd ei Yncl Bill yn ôl i Gymru yn 1925, blwyddyn sefydlu Plaid Cymru ym Mhwllheli, er mwyn cael gweld ei deulu ym Meudy Mawr, Rhydyclafdy. Ymwelodd â'r Eisteddfod Genedlaethol ym Mhwllheli yn ogystal, ac eistedd ar y llwyfan gyda llawer o'i gyd-Gymry ar wasgar a chael eu cyflwyno gan yr Archdderwydd, sef y bardd Elfed, i weddill y wlad. Dychwelodd i Ganada wedyn gan groesi o

Lerpwl i Ddinas Quebec ar y llong R.M.S. Empress of Scotland a adeiladwyd yng Ngwlad Pŵyl yn 1906. Does gen i ddim teulu ar ôl yno gwaetha'r modd gan i Yncl Bill a'i wraig Anti Mary, farw'n ddi-blant. Un o Truro yng Nghernyw oedd Anti Mary a byddai mam Dilys, oedd yn chwaer i fy Nhad, yn llythyru â hi yn gyson. Rwy'n siŵr y byddai'r llythyrau hynny wedi bod yn hynod o ddifyr i'w darllen heddiw.

Nain Gwnhingar, sef fy mam

Aelwyd Gwnhingar

Y fi sy'n cael fy nghyfrif yn fach y nyth ond nid felly roedd hi am gyfnod byr iawn oherwydd fe fu gen i chwaer fach, Catherine Myra, ond bu farw'n naw wythnos oed ar lin ei mam. 'Marwolaeth yn y crud' mae'n bur debyg y byddid yn galw'r digwyddiad trist heddiw. Mary yw'r hynaf ohonom ni ac mae hi a'i gŵr John yn ffermio yn Llanwnda a chanddynt ddau o blant sef Owen Meirion a Menna. Salmon yw'r nesaf. Mair yw ei wraig o ac roedd yn blismon yn ardal Dolgellau wrth

Y fi'n blentyn bach hefo fy mrawd a fy chwiorydd

ei alwedigaeth cyn iddo ymddeol. Yn y Bermo maen nhw'n byw erbyn hyn ac wedi magu tri o blant sef Hywel, Gwenan a Rhys. Mae fy chwaer Jane a'i gŵr Wyn wedi symud i Fynytho i fyw bellach ar ôl treulio blynyddoedd yn ffermio ym Modlondeb, Nanhoron. Tair o genod sydd ganddyn nhw, sef Bethan, Gwenfair a Siân. Mae Jane wrth gwrs yn gyfarwydd i lawer iawn o gyn-ddisgyblion Ysgol Botwnnog gan mai hi fyddai'n casglu pres cinio'r plant gan sicrhau'r llys-enw 'Jane till' iddi hi ei hun! Pedwar o blant sydd gan Jean a fi sef Glesni, Eleri, Llŷr ac Eilir. Rydan ni wedi ymgartrefu bellach yn Llecyn, ym mhentref Efailnewydd. Mae Efailnewydd yn bentref bach cymdeithasol iawn ac mae llawer o'n ffrindiau yn byw o'n cwmpas.

Atgofion plentyndod

Fferm Gwnhingar

Ar fferm Gwnhingar yn Llannor, rhyw dair milltir o Bwllheli, y'm magwyd i. Ystyr 'Cwnhingar' ydi magwrfa i gwningod ac yn wir i chi, roedd digonedd ohonynt yn Gwnhingar a sawl un yn cyrraedd y bwrdd bwyd! Fodd bynnag, enw gwreiddiol y fferm yn ôl hen ddogfennau ydi Cwm Hin Oer ond iddo ddatblygu'n Gwnhingar dros y blynyddoedd oherwydd fod cymaint o'r taclau yno mae'n debyg. Byddai ambell wningen wedi daearu yng nghanol y cae yn enwedig yn y bryn sydd yr ochr uchaf i'r tŷ. Byddai un neu ddwy ddaear wedyn yng nghanol Cae Ieir. Cae Malbro ydi enw iawn y cae hwn ond does gen i ddim syniad sut tarddodd yr enw chwaith. Bu'r clwy Micsamatosis yn 1952 yn gyfrifol am ddifodiant y rhan fwyaf o'r cwningod.

Teulu Gwnhingar

Roedd gwaith dŵr yn Gwnhingar ar un cyfnod hefyd oherwydd fod ffynnon go dda ar y tir. O'r fan yma roedd pentrefwyr Efailnewydd, Llannor a Phenrhos yn cael eu dŵr cyn sefydlu cronfa ddŵr yng Nghwm Ystradllyn ger Garndolbenmaen.

George y carcharor rhyfel

Tua diwedd yr Ail Ryfel Byd yn ôl Mary fy chwaer, daeth Almaenwr o'r enw George – carcharor rhyfel – i weithio fel gwas i Gwnhingar. Mae'n debyg mai Jurgen oedd ei enw'n gywir ond mai fel George y câi ei adnabod yn yr ardal hon. Beth bynnag, y fo ddysgodd fi i gerdded yn ôl y sôn. Byddai George yn fy ngharïo ar ei fraich i bobman bron ac erbyn i mi gyrraedd fy nheirblwydd oed roeddwn yn parablu'n y Gymraeg a'r Almaeneg! Dydw i ddim yn cofio fawr iawn ar yr Almaeneg erbyn heddiw chwaith.

Ychydig iawn o Saesneg a feddai George. Yn rhyfeddol iawn, roedd o a Nhad yn deall ei gilydd yn eithaf da drwy gymysgu'r ddwy iaith oherwydd roedd ambell air yn yr Almaeneg yn swnio'n debyg i'r Gymraeg. Fe aethai George i'r capel ar nos Sul yng nghwmni Nhad a phan fyddai'r pregethwr yn dweud 'Amen' byddai George yn dweud 'Enden'. Wrth fynd am y capel un noson, gofynnodd George i Nhad os oedd gweddïo yn rhan o'r gwasanaeth a sut y buasai'n gwybod pryd oedd y pregethwr wedi gorffen ei weddi. Atebodd fy Nhad pan fyddai'r pregethwr yn dweud 'Amen' y byddai wedi gorffen a dyma George yn gofyn os oedd hynny yn golygu 'Kaput!'

Mae gen i yn fy meddiant botel wydr ac ynddi olygfa ryfeddol o ddau gwch hwylio dan hwyliau llawn, goleudy a chastell. George fu'n gyfrifol am y campwaith ac yn ôl Mary, fe wnaeth un i bob un ohonom blant Gwnhingar. Dywed

Mary ei fod yn gallu creu y modelau o fewn y botel drwy ddefnyddio rhywbeth tebyg i waellen. Arferai morwyr dreulio eu hamser hamdden ar fwrdd eu llongau yn gwneud y rhain flynyddoedd meithion yn ôl ond fedra i ddim dweud os oedd gan George gysylltiad â'r môr. O ble cafodd y ddawn tybed? Treuliai oriau gyda'r nos yn gwneud y poteli yn ôl Mary a mawr oedd y disgwyl am gael gweld y trysor gorffenedig. Rydw i'n falch iawn o'r botel hon ac mae'n rhyfeddol ei bod yn dal gennyf yn un darn a hithau ddim ymhell o'i saith deg oed!

Oedd roedd George yn gymeriad hynod ac wedi'i dderbyn fel un o'r teulu gan Nhad a Mam. Tybed beth fu ei hanes ar ôl gadael Gwnhingar? Mae'n siŵr ei fod wedi dychwelyd i'w famwlad ond byddai wedi bod yn ddifyr gwybod beth ddaeth ohono.

Rhyddid i Chwarae

Pan oeddem yn blant, arferai Salmon a finnau chwarae am oriau mewn dau gae oedd yn arbennig o dywodlyd. Byddem yn gwneud ffyrdd yn y tywod gan gario brics bob ochr iddynt. Salmon fyddai gyrrwr bỳs Llithfaen a finnau oedd gyrrwr bỳs Crosville! Mae'n amlwg 'mod i'n awyddus i fod tu ôl i lyw ryw fath o gerbyd pan oeddwn i'n ifanc!

Lle delfrydol oedd fferm i chwarae. Weithiau deuai teulu draw ar nos Sadwrn braf a byddai Mam wedi gwneud swper mawr. Caem ni blant ganiatâd i fynd allan i chwarae wedyn. Roeddem yn cael hwyl garw ar chwarae cuddio, chwarae Tic, 'Block One, Two, Three', reidio beics ac amrywiaeth o weithgareddau difyr a diniwed eraill. Roedd llawr llechi yn y gegin yng Nghwningar ac wedi i Mam fynd i'r parlwr hefo'r oedolion, manteisiem ar sbort go iawn. Roedd drws o'r ochr allan yn arwain i'r gegin ac yna i'r gegin foch ac allan drwy'r drws cefn. Dyna lle byddem ni'n mynd rownd hefo'r beics nes fod y llawr llechi'n frown efo ôl teiars. Roedd o fel trac rasio Silverstone ond byddai Mam yn flîn iawn hefo ni wedyn.

Cofiaf chwarae ar y beics ryw ddiwrnod braf yn yr haf hefyd hefo Jane. Rywsut neu'i gilydd cefais godwm oddi ar fy meic gan blannu ar fy mhen i docyn mawr o ddail poethion. Wel, sôn am weiddi a nadu! Wrth chwilio am ddail tafol i'w

Thomas Owen yn Hirdre Ucha

rhoi ar y llosgiadau i liniaru mymryn arnyn nhw, fe syrthiodd Jane i'r llwyn o ddail poethion yn ogystal. Doeddwn i ddim yn rhyw boblogaidd iawn hefo hi weddill y diwrnod fel y gallwch feddwl.

Yn ystod y gaeaf, chwarae cuddio yn y tŷ oedd hi. Nid oedd trydan yng Nghwningar tan 1958 felly gallwch ddychmygu y sbort o chwilio am rywun mewn rhyw hanner tywyllwch. Yn ogystal, roedd dau risiau'n y tŷ oedd yn gwneud y chwarae'n fwy difyr fyth. Pan oedd y sawl oedd yn chwilio yn dod yn rhy agos, byddid yn rhoi bloedd fawr nes byddai pawb yn y tŷ'n neidio o'u crwyn.

Thomas a'i ddwy chwaer a Shaw y Ci

Yn ystod cyfnod y Nadolig, byddai Nhad yn gofalu am goeden Nadolig a gorchwyl Mam, Mary a Jane fyddai'r addurno yn ogystal â rigio'r gegin fawr a'r parlwr. Ychydig o anrhegion y byddem yn eu cael o gymharu â phlant heddiw ond byddem yn eu gwerthfawrogi'n fawr. Roedd tractor bach neu sèt Meccano yn plesio fy mrawd a finnau'n fawr iawn a'r genod yn derbyn ryw fabi dol neu ddwy. Byddai hosan yn cael ei hongian wrth droed y gwelyau ac erbyn y bore byddai tipyn o ffrwythau wedi ymddangos yn wyrthiol ynddynt.

Collais fy Nhad pan oeddwn tua naw oed ond mae gen i amryw o atgofion amdano. Byddai wrth ei fodd yn ymweld â'i deulu yn ystod misoedd yr haf gan amlaf ac ar nos Sadwrn aem fel teulu ar sgowt yn yr Austin Ten CKB 211. Fy Nhad wrth reswm fyddai'n dreifio gyda Mam wrth ei ochr a ninnau'n pedwar wedi ein gwasgu fel sardîns i'r cefn.

Thomas a Salmon

Dechrau magu cyfrifoldeb

Pan euthum yn hŷn, gorchwyl Salmon a minnau ar fore Sadwrn oedd mynd ati i lifio coed tân. Roedd y ddau ohonom wedi dysgu llawer gan fy Nhad am dorri coed. Byddem yn rhoi boncyff eithaf praff tua chwech i wyth troedfedd ar y march ac yn llifio gyda llif draws bob amser gan dynnu ar yn ôl yn hytrach na gwthio. Er ei fod yn gallu bod yn waith digon caled roedd yn rhoi boddhad i ni o weld y pentwr boncyffion praff ar ddiwedd yr orchwyl a'u gwerthfawrogi

Thomas a'r moch, haf 1957

fwyfwy o flaen gwres y tân yng nghanol gaeaf.

Yn fy arddegau cynnar a hithau'n gyfnod wyna, roedd yn rhaid mynd i fugeilio'r defaid ac i gyfri'r ŵyn cyn ei throi hi am yr ysgol gan ddal bỳs hanner awr wedi wyth yng ngwaelod y ffordd. Doeddwn i ddim yn gwrthwynebu gwneud y gwaith hwn o gwbl achos roeddwn yn mwynhau ffermio ac, wrth gwrs, roedd yn help mawr i Mam.

Fy Arddegau

*Thomas yn 15 oed
hefo Moss y ci a Nel y ci bach*

Unwaith y cyrhaeddais fy mhymtheg oed, roeddwn yn cael caniatâd Mam i fynd lawr i bentref Efailnewydd i weld yr hogiau ambell gyda'r nos. Rhaid i mi ddweud mai ryw griw digon direidus oeddem hefyd. Yn amlach na pheidio, byddwn wedi mynd â ryw hanner pelen o linyn bêl hefo fi. Gan gychwyn wrth y tŷ pen yr ochr arall i'r siop, sef siop Dei, byddem yn bwydo'r llinyn drwy handlen bob drws i lawr hyd at y tŷ pellaf gan roi cwlwm ar y ddau ben. Roedd gofyn i rai ohonom fynd ar gefn ein beics wedyn a rhoi cnoc ar bob drws, neidio dros wal Pengwern lle mae'r fainc heddiw, a gweld rhywun o ochr fewn eu cartrefi'n trio agor y drysau. Byddai'r geiniog yn disgyn toc ac un o'r trigolion yn mynd allan drwy'r drws cefn a rownd i'r lôn i drio dal y llafnau oedd yn chwarae triciau arnyn nhw! Does gen i ddim co' o gael fy nal erioed chwaith. Fyddai hi ddim yn dda arnom dw i'n sicr pe bai hynny wedi digwydd.

Teulu Gwnhingar hefo mwy o ymwelwyr

Jock Wilson a'r teulu a theulu Gwnhingar

*Teulu Gwnhingar yng nghwmni rhai o deulu Jock Wilson
fyddai'n dod i aros hefo ni*

*Fy nhad a mam a ninnau'r plant yng nghwmni teulu'r Allaways
oedd yn dod i aros i Gwnhingar*

Rhai o blant Penybryn, Llannor

Mam ar y dde hefo dwy o'i chyfnitherod

Dyddiau ysgol

Pum mlwydd a hanner roeddwn i yn cychwyn mynd am yr ysgol. I Ysgol Llannor roeddwn i fod i fynd gan mai honno oedd yr agosaf i mi, ond doedd fy Nhad a Mam ddim yn fodlon i mi gerdded drwy'r caeau o Gwnhingar a thrwy gaeau Bodfel ym mhob tywydd. Bu cryn ddadlau rhwng fy rhieni a'r Adran Addysg yng Nghaernarfon yn ôl y sôn ac yn y diwedd, cael mynd i Ysgol Troed yr Allt ym Mhwllheli fu fy hanes a hynny ar y bỳs. Roedd yn dipyn o sioc i hogyn bach orfod mynd o dawelwch y fferm i ganol rhyw ddau gant neu fwy o blant swnllyd a'r rheini'n blant y dre ac yn fwy na pharod i bryfocio ryw gwbyn bach o'r wlad! Digon ydi dweud nad oes gen i ryw atgofion melys iawn o'r cyfnod hwnnw. Pan oeddwn tua wyth oed fodd bynnag, daeth tro ar fyd ac fe gefais symud fyny i ysgol y plant hŷn gydag ystod oedran o wyth i un ar ddeg.

Dylanwad athrawon

Dau athro gafodd ddylanwad mawr arnaf yn ystod y cyfnod hwn oedd Miss Owen a'r diweddar Mr John Gwilym Jones. Miss Owen Dau Gam oeddem yn galw'r athrawes am y rheswm ei bod yn wraig dal iawn, tua chwe throedfedd ac yn camu'n fras i bobman. Caem wers sillafu Saesneg ganddi yn rheolaidd. Cofiaf fy mod yn cael trafferth i sillafu'r gair 'because' ar y pryd. Mynnwn ei sillafu yn y ffurf Gymraeg 'bicôs' – gan hyd yn oed ddefnyddio'r to bach. Beth bynnag doedd Miss Owen ddim am adael i mi gael fy ffordd. Dyma hi'n cydio yn ei phren mesur un diwrnod a tharo cefn pedwar bys fy llaw dde! Erbyn diwedd y wers roedd fy mysedd bach wedi chwyddo ac yn sobor o boenus. Ni soniwyd mwy am y peth ac ni chwynodd fy rhieni am yr athrawes chwaith. Ches i erioed drafferth wedyn i sillafu'r gair coeliwch fi ond diolch hefyd fod rhai rheolau wedi newid er gwell mewn ysgolion.

Athro tan gamp oedd Mr John Gwilym Jones, a benodwyd yn ddiweddarach yn brifathro Ysgol Llanbedrog. Roedd Mr Jones yn byw ar y fferm agosaf i Gwnhingar, sef Tŷ Newydd, ac felly roeddwn yn teimlo ryw reidrwydd i weithio'n galed er mwyn ei blesio. Arithmetig oedd ei hoff bwnc ac i mi gael canmol ychydig bach arnaf fy hun, llwyddais i fynd drwy un tymor cyfan a chael fy syms i gyd yn gywir! Ia, athro da oedd Mr Jones.

Gan i mi golli fy Nhad pan yn naw oed, a minnau'n greadur bach digon bychan ac eiddil o fy oed, roeddwn yn darged i ambell fwli ar iard yr ysgol amser chwarae. Mae'n debyg fod y ffaith fy mod i'n gymaint o ffrindiau hefo Mr Jones yn eu gwylltio hefyd. Waeth i mi gyfaddef ddim, ond roedd gen i dipyn o ofn mynd i'r ysgol y dyddiau hynny.

Thomas Owen yn sefyll tu ôl i fws Caelloi

Yr Ysgol Uwchradd

Yn un ar ddeg oed, roedd yn rhaid troi cefn ar Ysgol Troed yr Allt a mynychu Ysgol Fron-deg – doeddwn i ddim cweit yn cyrraedd y marc i fynychu'r Cownti lle mae safle Coleg Meirion Dwyfor heddiw. Mae Ysgol Fron-deg bellach wedi hen gau gyda datblygiad Ysgol Glan-y-Môr. Mae'r adeilad yn Stryd Ala Ucha yno o hyd fodd bynnag ac yn cartrefu adran o Gyngor

Gwasanaethau Cymdeithasol Gwynedd – ystafelloedd ymgynnull ar gyfer gweithgareddau amrywiol ac yn y blaen.

Fy hoff bynciau yn yr ysgol oedd Mathemateg, Cerddoriaeth, Hanes ac Addysg Gorfforol. Cofiaf un wers Fathemateg yn dda iawn a'r athro, eto o'r enw Mr Jones, yn rhoi llond y bwrdd du o rifau ac yn cynnig chwecheiniog i'r sawl fyddai'n gyntaf am adio ar draws ac i lawr. Y fi lwyddodd a chael yr arian gwyn hwnnw. Roedd o'n dipyn o werth i hogyn ysgol y pryd hynny.

Cefais fy newis i gynrychioli'r ysgol yn y 'Three A's' (yr Amateur Athletics Association dw i'n meddwl) ym Mangor pan oeddwn yn bedair a'r ddeg oed. Roedd yn rhaid i mi redeg can llath, bod yn y ras gyfnewid a chystadlu ar y naid hir. Llwyddwn i sicrhau'r ail safle bob tro, y tu ôl i fachgen o Ysgol Dyffryn Ogwen. Fedrwn i yn fy myw redeg yn gyflymach na fo. Tybed beth fu hanes yr hogyn hwnnw wedyn? Byddai'n ddifyr cael gwybod, ond go brin y byddai'r un o'r ddau ohonom yn rhedeg yr un ras can llath heddiw! Mr Elfed Roberts oedd fy athro Addysg Gorfforol ac roedd gen i barch mawr tuag ato.

Yr annwyl Miss Mary Wyn Lloyd oedd fy athrawes Saesneg. Gwraig ddwys a charedig oedd hi a llwyddai i ddysgu Saesneg i ni drwy gyfrwng yr iaith Gymraeg. Yn ystod misoedd Chwefror a Mawrth byddai'n gyfnod wyna yn Gwnhingar a byddwn yn mynd i weld y defaid yn gynnar cyn mynd i'r ysgol ac weithiau wedi gorfod codi at ryw ddafad gefn nos. Erbyn canol y bore deuai Huwcyn Cwsg heibio ac fedrwn i yn fy myw gael ei wared. Doedd dim amdani ond rhoi fy mreichiau ar y ddesg, rhoi fy mhen i lawr a chysgu! Y peth nesaf fyddai rhyw bwniad bach ysgafn ar f'ysgwydd. Minnau'n hanner troi ac agor un llygad a gweld Miss Lloyd uwch fy mhen . . .

'Ydach chi wedi blino Thomas?' gofynnai'n dawel.

'Ydw Miss, defaid ac ŵyn,' atebwn innau.

'Dyna chi, mae'n olreit,' meddai hithau a gadewai fi fynd yn ôl i gysgu! Go brin y digwyddai'r un peth heddiw.

Symud defaid

Y Gwerthwr Llyfrau

Ers talwm roedd gan Fudiad yr Urdd gystadleuaeth flynyddol i werthu llyfrau Cymraeg. Fel aelod o'r mudiad, fedra i ddim dweud i mi gystadlu ar ganu nac adrodd, ond fe fûm i'n gwerthu llyfrau. Y drefn oedd dosbarthu rhyw gatalog bach hefo manylion am lyfrau newydd o amgylch aelwydydd yr ardal a dychwelyd ymhen ychydig o ddyddiau i gasglu'r archebion a'r arian. Wir i chi, pan oeddwn yn dair a'r ddeg oed, y fi enillodd y wobr am werthu'r mwyaf o lyfrau drwy

Y gwerthwr llyfrau

Gymru a chefais wahoddiad i fynychu Eisteddfod yr Urdd y flwyddyn honno sef 1958 yn Llanbedr Pont Steffan. Fedra i ddim cofio beth ges i'n wobr ond dw i ddim yn amau mai tocyn llyfr oedd o.

Chwarae triwant

Doeddwn i ddim yn rhyw or-hoff o'r byd addysg fel rydw i wedi'i grybwyll eisioes ac os oedd gen i wers hefo ryw athro nad roeddwn yn hoff ohono, byddwn yn cymryd arnaf fy mod yn sâl. Byddai'r athro yn dweud wrthyf am fynd allan i'r coridor a dod nôl i mewn pan fyddwn yn teimlo'n well. Beth bynnag, daeth y prifathro – gŵr o'r enw Mr Robinson – heibio un diwrnod ac yn ei lais dwfn dyma fo'n gofyn,

'Beth sy'n bod, Thomas?'

Minnau'n ei ateb mewn llais crynedig braidd,

'Ddim yn teimlo'n rhy dda, Syr.'

'Mi ddo'i heibio eto yn y munud i weld ydach chi'n well.'

Roedd Mr Thomas yn un â gadwai at ei air a wir i chi, mi'i gwelwn o'n dod yn ei ôl ymhen ryw chwarter awr.

'Ydach chi'n well Thomas?'

'Nac ydw, Syr.'

'Well i chi fynd adra felly Thomas.'

Fedrwn i ddim credu 'nghlustiau, a chan fynd allan o'r ysgol, yn araf cofiwch gan 'mod i'n 'sâl', dyma'i gwadnu hi am adref cyn gynted ag roedd hi'n ddiogel i mi wneud hynny. Pan gyrhaeddais adref, dyma Mam yn gofyn beth oedd yn bod arnaf a finnau'n ateb braidd yn llywaeth nad roeddwn i'n teimlo'n dda iawn ond fy mod ychydig yn well ar ôl cyrraedd adref.

'Wel, dos i hel priciau tân 'ta,' meddai hithau. Roedd hi'n deall yn iawn 'mod i'n gwbl iach a doedd hi ddim am adael i mi swatio'n tŷ yn gwneud dim!

Daeth fy nghyfnod yn yr ysgol i ben ym mis Ebrill 1960, ond o ran hynny fûm i ddim yn yr ysgol ar ôl Nadolig 1959. Y rheswm am hynny oedd diffyg amser rhwng y defaid yn ŵyna, lloeau bach yn cael eu geni, caeau eisiau eu haredig, teilo a llwyth o swyddogaethau hanfodol eraill ar y fferm. Na, adref oedd y gwaith a phob pâr o ddwylo yn werthfawr ac angenrheidiol iawn.

Thomas Ifan, Tŷ Cornig a Thomas Owen

Thomas Ifan, Tŷ Corniog a Thomas Owen
yn trio cychwyn tractor

*Mary, Catrin, Penllwyn Bach; Iona, Salmon a Thomas Owen
ac Emrys Coed Bodvel*

*Genod Penybryn, Llannor sef yr efeilliad, Catrin a Jane,
bob ochor i fy mam*

Ysgol Sul Llannor, 1952

Coleg Glynllifon

Yn 1961 cefais gyfle i ddilyn cwrs amaeth yng Ngholeg
Glynllifon sy'n parhau i hyfforddi myfyrwyr amaethyddol o
hyd a bellach o dan adain Coleg Meirion-Dwyfor. Pennaeth
Glynllifon ddaeth i Gwnhingar i ddarbwyllo Mam y buaswn
yn elwa o gael cyfnod yn y coleg. Gwir y gair achos fe wnes
fwynhau'r cwrs a'r profiad yn fawr iawn, yn ogystal â gwneud
ffrindiau newydd.

Y drefn yr adeg honno oedd darlithoedd yn y bore ac
yna allan ar y fferm yn y prynhawn. Cefais gyfle buddiol iawn
i drin tractorau a dysgu sut i ddatgymalu'r injan a'i rhoi'n ôl
at ei gilydd rywsut. Dysgais sut i drin yr arad a'r peiriant torri
gwair, sut i ffensio, gosod giatiau ac yn y blaen. Yn wir,
dysgais wneud popeth roeddwn i ei angen yr adeg honno i
fedru helpu Mam i ffermio Gwnhingar.

Hwyl Myfyrwyr

Criw digon direidus oedden ni o edrych yn ôl ar ddyddiau'r
coleg amaethyddol. Roedd gardd ffrwythlon iawn yng
Nglynllifon ar y pryd. Tyfid ffrwythau a llysiau gwerth eu
gweld a byddent yn cael eu defnyddio yng nghegin y coleg
i'n bwydo ninnau.

Cofiaf un noson yn arbennig pan benderfynodd rhai
ohonom y buasai'n syniad da mynd ati i gasglu tipyn o fefus.
Roedd y giât haearn i'r ardd wedi'i chloi ac roedd wal anferth
tuag wyth troedfedd o uchder yn ei hamgylchynu. Doedd
dim amdani ond sefyll ar ysgwyddau un a chrafangio dros y
wal. Wedyn mater o dynnu'r naill a'r llall i fyny oedd hi.
Casglwyd y mefus mawr i fagiau roeddem wedi dod o hyd
iddynt yn yr ystafell goginio. Roeddem yn bwyta ambell

fefusen wrth eu casglu hefyd a rhai'n sur ddychrynllyd am
nad oedden nhw wedi llawn aeddfedu, nes fod pawb yn
poeri am y gorau. Dychwelom yn ôl i adain Glanafon lle'r
oedd ein llofftydd a'r ystafelloedd ymolchi a mynd ati i
wagio'r bagiau a sglaffio'r helfa. Yn anffodus roedd yno fwy
o falwod nac o fefus ac roedd yn troi stumog rhywun braidd
o feddwl y gallem fod wedi llyncu rhai o'r creaduriaid
llysnafeddog wrth gasglu'r helfa! Gair o gyngor felly – ewch
i gasglu ffrwythau yng ngolau dydd!

Dro arall aethom i fyny i'r iard ac i mewn i'r Llaethdy.
Dyma fynd ati i lenwi'r bwcedi godro hefo dŵr a'u lluchio ar
bennau'n gilydd ac os ydw i'n cofio'n iawn roedd yno ddwy
beipen ddŵr yn ogystal. Os caech eich dal mewn cornel, fe
fyddech yn socian fel pysgodyn. Daeth yr hanes rywsut i
glyw un o'n tiwtoriaid a chawsom andros o bryd o dafod
drannoeth – nid am wlychu cofiwch, ond am wastraffu dŵr!

I'r rhai ohonoch sy'n gyfarwydd â'r neuadd fawr yng
nghanol Plas Glynllifon, gwyddoch am y grisiau crand,
mawreddog sy'n arwain i'r llawr cyntaf. Hanner ffordd i fyny
mae'r grisiau'n gwahanu i'r dde a'r chwith ac yno yn y canol
mae cerflun o ddynes fronnoeth. Ydi hi'n dal yno heddiw
sy'n beth arall. Ta waeth, dyma ni'n cael syniad un noson y
buasem yn mynd ati i barchuso tipyn ar y cerflun a chael
benthyg bra rhyw ferch. Fore drannoeth, dyma'r Matron
heibio a gweld ein campwaith. Dynes go fawr mewn mwy
nac un ystyr oedd Matron hefyd! Wel, fe wylltiodd yn
gacwn. Casglwyd pawb at ei gilydd a dyna lle'r oedd hi'n
edrych arnom a'i llygaid yn ein gwylio fel eryr. Gofynnodd
yn flin pwy oedd wedi mynd ati i ddilladu'r cerflun a phwy
oedd berchen y dilledyn dan sylw. Dyma un o'r hogiau oedd
yn y cefn, Sais os cofiaf, yn gweiddi,

'Well, it wasn't yours, was it Miss!'

Wel, dyma hi amdano fo fel bleiddiast gynddeiriog, ond
drwy ryw drugaredd roedd y drws ffrynt ar agor a dyma fo'n

ein gwadnu hi oddi yno nerth ei draed. Na, welodd Matron mo'r ochor ddoniol i'r sefyllfa.

Gadewais Glynllifon ym mis Gorffennaf 1962 ac roedd yno hen ysgwyd llaw cyn ffarwelio, a phawb yn mynd i aredig ei gŵys ei hun yn llythrennol ac yn ffigurol. Do, yn sicr, cefais amser da iawn yno a dychwelyd adref yn fodlon iawn fy myd.

Tomos, Salmon ac Adrian (ffrind)

Diddordeb mewn ceir

Y gwir amdani mae'n debyg, ydi fod gen i ddiddordeb mewn ceir neu unrhyw beth ar olwynion er yn ifanc. Cofiaf yn dda i ffrind a minnau gerdded rhyw gyda'r nos oer a rhynllyd yn y gaeaf o Bwllheli am adref. Fel roeddem yn brasgamu ar hyd yr Ala i gynhesu'r gwaed, dyma gar mawr crand yn arafu a stopio a gofyn i ble'r oeddem ni'n mynd. Atebais innau ein bod yn mynd i Efailnewydd a dyma'r gŵr bonheddig 'ma'n cynnig lifft i ni gan ei fod yn mynd adref am Nefyn ei hun. Heb betruso dim, dyma ni'n dau fewn ac eistedd yn glòs yn y cefn, fel petaem ni'n eistedd yn sedd flaen y capel ar nos Sul yn barod i ddweud adnod wrth y gweinidog.

Jaguar oedd y car a dyna lle'r oedden ni'n dau yn edrych ar y dashbord a'r deialau crand ac yn swatio ar y sedd gyfforddus ac yn arogli'r lledr meddal. Ychydig iawn o geir moethus oedd yn Llŷn yr adeg honno ac roeddem uwch ben ein digon yn cael ein cario i'r pentref yn y fath foethusrwydd. Roedd yna ddiolch ar ben diolch i'r gŵr caredig wrth ddod allan o'r car yn Efailnewydd. Doedd dim rhaid dyfalu beth oedd testun y sgwrs ar sgwâr y pentref y noson honno ac roeddem ill dau am brynu Jaguar bob un, unwaith i ni lwyddo'n ein prawf gyrru. Dros hanner canrif yn ddiweddarch, does dim golwg o'r Jaguar ond dw i'n dal i obeithio.

Cyfnewid dwy droed am bedair olwyn

Cefais fy mhen-blwydd yn ddwy a'r bymtheg oed 24ain Ebrill, 1962 a mynd ar f'union at Twm Ffrainc, sef Thomas Hughes o Efailnewydd am wersi gyrru. Dyma ŵr a roddodd wersi gyrru i ddegau a'r ddegau o ieuenctid – a rhai hŷn na hynny – yn Llŷn ac Eifionydd. Cofiaf i mi gael dim ond tair gwers yrru ganddo yn y Land Rover oedd gennym yn Gwnhingar a llwyddo yn y prawf gyrru am chwarter wedi deuddeg, amser cinio, ar ddydd Iau, 15fed Gorffennaf, 1962. Prawf digon byr oedd o yn y dyddiau hynny yn cynnwys gyrru am ryw ddeng munud, bagio rownd cornel (i'r dde yn f'achos i), yr 'emergency stop' holl bwysig, dau gwestiwn adnabod tri arwydd ffordd a dyna hi – 'job done!'

Nid oedd prawf felly yn ddigon da o bell ffordd o edrych yn ôl. Heddiw, rydw i'n gobeithio 'mod i'n medru hyfforddi hyd orau fy ngallu a darbwyllo y rhai ddaw ataf fi am wersi mai dysgu sut i fod yn ddiogel ar y ffordd ar ôl y prawf ydi'r gyfrinach.

Y Land Rover

Oherwydd mai ar fferm roeddwn yn byw, y Land Rover oedd fy ngherbyd cyntaf. Mae'n rhyfedd o beth, ond mae tuedd ynom i gyd i gofio rhif plât ein cerbyd cyntaf. JCC 64 oedd ein Land Rover ni. Awn i'r dre ar nos Sadwrn a pharcio tu cefn i Russell Garage lle mae siop fwyd Iceland heddiw. I'r pictiwrs yr awn gan amlaf. Cofiaf un noson i mi ddod allan o'r pictiwrs tua hanner awr wedi deg a mynd am y Land Rover. Wel, am sioc ges i – doedd dim golwg ohoni! Cerddais rownd a rownd y dref ac yn y diwedd dod o hyd iddi wedi'i pharcio'n daclus ar y Stryd Fawr. Doedd neb yn cloi ei gar neu fan yr adeg honno nac chwaith yn tynnu'r goriad. Wn i ddim hyd heddiw yn iawn pwy symudodd y Land Rover ond roedd pryfocio'r hogiau yn ddigon i awgrymu mai rhai ohonyn nhw oedd yn gyfrifol. Sbort diniwed, ynde.

Dim ond rhyw bedair neu bum Land Rover oedd ym Mhen Llŷn yn y pumdegau hwyr a'r chwedegau cynnar. Dw i'n cofio mynd i Bwllheli hefo Mam un diwrnod a pharcio yn ymyl siop Eifionydd Farmers lle mae siop Wilko erbyn heddiw. Ffwrdd â ni i hel neges a phan ddychwelom roedd dwy Land Rover wedi'u parcio yno. Aethom i fewn i'r agosaf a Mam yn gyrru oddi yno. Wrth i ni ddod ar hyd yr Ala dyma sylweddoli nad Land Rover ni oedd hi! Dyma aros yn stond, gwneud troad trithro ac yn ôl at Eifionydd Farmers gan obeithio nad oedd perchennog y Land Rover arall wedi dychwelyd. Diolch i drefn doedd neb o gwmpas ac wedi cyfnewid cerbyd, dyma ni adref yn marw chwerthin. Fel mae'r oes wedi newid, ynde.

Jean tua 4 oed

*Jean ym mhriodas Salmon
fy mrawd a Mair*

Pandy Bach, Dolgellau, 1964 – cartref Jean

Stryd Dolgellau yn y lli, 13 Rhagfyr, 1964

Lli yng Ngorsaf Dolgellau, 13 Rhagfyr, 1964
fu bron â fy rhwystro rhag mynd i gyfarfod Jean

Cyfarfod Jean

Bûm yn mynychu Neuadd Idris, Dolgellau yn rheolaidd bob nos Sadwrn gan fy mod i'n mwynhau y twmpathau Dawnsio Gwerin yn arw ac roedd yn gyfle gwych i gymdeithasu. Tua diwedd mis Tachwedd 1964, cyfarfûm â Jean a dyna ddechrau ar bartneriaeth oes. Merch fferm Pandy Bach ger Llanfachraeth ydi Jean a phan gyfarfyddais â hi roedd yn gweithio yn Swyddfa'r Sir yn Nolgellau.

Teulu Pandy – diwrnod pen-blwydd Jean yn 21 oed, 1963

Buom yn canlyn am rhyw ddwy flynedd cyn priodi yng Nghapel Salem Dolgellau ar 24ain Medi 1966, yr un diwrnod ag yr agorwyd y bont dros yr afon Hafren os ydych eisiau gwybod ffaith gan ddyn sy'n gyrru dipyn! Y Parch

Tom Phillips oedd yn gweinyddu. Aethom i'r Alban ar ein mis mêl a chael rhyw fath o ffrae gyntaf ym maes awyr Caeredin o bob man ynglŷn â rhyw far o siocled! Mae'n siŵr mai fi oedd wedi bwyta mwy na fy siâr o hwnnw.

Aethom o Gaeredin i Inverness ac aros mewn tŷ fferm. Fferm yn tyfu ŷd oedd hon ac yn y cae, roedd dwsin o deisi mawr. Rhai crynion oedden nhw, wedi cael eu hadeiladu gyda'r ysgubau ŷd. Roedd yn andros o olygfa i feddwl 'mod i'n dal i'w chofio.

Ein priodas ni, Medi 24, 1966

Teulu Tom, Medi 24, 1966 ar ddiwrnod ein priodas

Mae Jean wedi bod yn andros o gefn imi ar hyd y blynyddoedd ac wedi fy nghefnogi ym mhopeth rydw i wedi ymwneud ag o. Mae hi wedi bod yn fam dda i'r plant, ac yn dal felly, yn ogystal â bod yn nain falch iawn. Dylwn hefyd ychwanegu ei bod yn un weithgar iawn yn ei chymdeithas. Cyn symud i'r pen yma o'r byd, aeth ati i sefydlu Clwb Ffermwyr Ieuainc yn Nolgellau ar 1af o Fai 1964. Cafodd y ddau ohonom wahoddiad i ddathlu pen-blwydd y clwb yn hanner cant nôl yn 2014. Yn 1975, Jean fu'n gyfrifol am sefydlu cangen o Ferched y Wawr yma yn Efailnewydd a chafwyd swper i ddathlu pen-blwydd y gangen yn ddeugain oed ar 1af o Fai 2015. Bu'r gangen yn cyfarfod yng nghanolfan Llannor ar y dechrau cyn symud i Efailnewydd ymhen blwyddyn.

Un o ddiddordebau eraill Jean ydi gosod a threfnu blodau. Mae hi wedi cynrychioli Merched y Wawr yn y sioe fawr yn Llanelwedd ddwywaith a bydd yn hyfforddi cangen Efailnewydd i drefnu blodau ar gyfer y Nadolig yn flynyddol. Yn ogystal, mae hi wedi trefnu blodau mewn capeli ar gyfer ambell briodas. Dydy Jean byth yn segur i ddweud y gwir.

Teulu Jean, Medi 24, 1966

Neuadd Hengwrt, Rhydymain,
lle cynhaliwyd ein brecwast priodas ni, Medi 24, 1966

Setlo a ffermio

Dychwelom o'n mis mêl i fyw yn Gwnhingar a bwrw iddi i ffermio hyd at 1976. Fferm yn perthyn i stad Glynllifon oedd Gwnhingar ac yn enw Mam roedd y denantiaeth. Yn anffodus, ar ei marwolaeth hi, ni throsglwyddwyd y denantiaeth i mi ac felly roedd yn rhaid codi pac. Aethom i fyw i Glan Beuno ym mhentref Efailnewydd yn 1982 ac wedyn am gyfnod i Elgol ym Mhwllheli ym mis Tachwedd 1999 cyn dychwelyd yn ôl i Efailnewydd ac yma i Llecyn. Gwyddoch mae'n debyg fod Elgol, sydd gyferbyn â Swyddfa'r Heddlu ym Mhwllheli, yn wag ers i ni symud oddi yno ac mae'n brysur fynd â'i ben iddo. Fodd bynnag, mae'r tŷ bellach wedi'i brynu gan gwmni sy'n bwriadu ei chwalu ac adeiladu fflatiau moethus ar gyfer yr henoed. Cyn i chi ofyn – dydw i ddim eto wedi rhoi fy enw lawr ar gyfer un ohonyn nhw!

*Mudo o Gwnhingar i Glan Beuno
hefo ffrindiau ddaeth i'n helpu*

Tom a Speed yn Glan Beuno

*Jean, Speed a Pero,
Haf 1976 – cŵn olaf
fu'n Gwnhingar*

Chwilio am waith

Cadw Ymwelwyr

Roedd Glan Beuno yn dŷ sylweddol a bwriodd Jean ati ar unwaith i gadw ymwelwyr er mwyn cael dipyn o bres i fyw gan nad oeddwn i'n gweithio ar y pryd. Ar un adeg roedd ganddi hyd at ddwy a'r bymtheg yn aros. Gyda'r nosau, os byddai'r tywydd yn caniatau, byddem yn arwain yr ymwelwyr ar deithiau cerdded o amgylch yr ardal. Buom â nhw i gopa Tre'r Ceiri a'r Eifl ac ar daith i Nant Gwrtheyrn i enwi ond ychydig. Câi'r ymwelwyr bryd gyda'r nos cyn cychwyn y daith ac wedi dychwelyd, fe fydden nhw'n cael eu pwdin! Byddai Jean gan amlaf wedi gwneud coblyn o darten fwyar duon fawr neu darten afalau. Yn wir, daethom yn

Hefo'r Bishops yn Llanberis 1991 – ein ffrindiau o Womborn
– un o'r teuluoedd rydym wedi dal i gadw cysylltiad â hwy
ers cadw ymwelwyr yn Gwnhinghar

*Teulu arall rydym dal yn ffrindiau gyda hwy
ers yn dod i Gwnhingar yn ymwelwyr, Awst 2000*

*Ymwelwyr a ninnau ar ben Uwchmynydd ar ôl swper
a chael Cymanfa ar y copa, 1996*

ffrindiau mawr gyda rhai o'r ymwelwyr hyn ac mae'r cyfeillgarwch wedi para hyd heddiw. Bydd Jean a minnau yn cael mynd i aros at rai ohonyn nhw ac fe fyddan nhw'n dod i aros atom ni ond heb orfod talu erbyn hyn!

Wel doedd cadw ymwelwyr ddim yn mynd i ddod â digon o bres i mewn i fagu'n teulu ni ac roedd yn rhaid i mi chwilio am waith.

Cyfnod y dreifio lorïau

Tra oeddem ar wyliau hefo ffrindiau yn Birmingham roeddwn wedi sylwi ar y lorïau anferth oedd i'w gweld ar y daith. Dyma wyntyllu'r syniad yr hoffwn i roi cynnig ar eu gyrru. Felly ym mis Ionawr 1977, dyma fynd ar gwrs dysgu gyrru lorïau mawr yn Gatewen Transport y tu allan i Wrecsam. Ar ddechrau'r cwrs, cefais sgwrs fach ddigon difyr cyn cael fy ngosod i eistedd y tu ôl i lyw lori anferth o wneuthuriad 'Roman' sy'n cael eu cynhyrchu gan gwmni o Rwmania. Doeddwn i erioed wedi gyrru lori yn fy mywyd ac yn sicr ddim un mor anferthol â hon. Roedd y lifar gêr ar y golofn llyw ac roedd o'n rheoli bocs gêr rhanedig gyda deuddeg o gêrs i gyd. Wel, sôn am grafu gêrs nes y dois i arfer!

Roedd yr hyfforddwr yn glamp o ddyn tua chwe throedfedd a thair modfedd hefo mop o wallt du a bob amser yn edrych yn flin ac yn gas. Erbyn diwedd yr wythnos roeddwn wedi cael llond bol ar ei wep ddiflas a dyma fi'n gofyn iddo pam oedd o mor flin a chas gan wneud yn siŵr 'mod i ychydig pellach na lled braich oddi wrtho! Doeddwn i ddim yn disgwyl rhyw lawer o atebiad i ddweud y gwir ond fe'm synnwyd o'r ochr orau pan eglurodd ei fod yn edrych felly er mwyn dangos pwy oedd y meistr! Roedd rhai a ddeuai ato yn ddynion deunaw stôn a mwy a thros ddwy lath. Dyma finnau'n pledio fy achos gan ddweud nad oeddwn ond rhyw greadur bach ddigon eiddil, pum troedfedd ac wyth modfedd. Wel, waeth i chi hynny na pheidio, erbyn yr ail wythnos roedd y creadur blîn wedi troi'n ddyn digon dymunol! Rhaid ei fod o wedi sylweddoli nad o'n i fawr o fygythiad iddo.

Daeth diwrnod y prawf lori a hwnnw'n cychwyn o bentref Llai gan fynd lawr i Queensferry ac ymlaen o gwmpas dinas Caer cyn dychweld ymhen rhyw awr a chwarter. Cyn cychwyn ar y prawf, dywedodd Dave Evans yr hyfforddwr mawr wrthyf am ddychwelyd y lori i Gatewen os byddwn yn llwyddiannus. Wir i chi, yn ôl y dychwelodd y lori a fi yn wên o glust i glust.

Pwerdy Dinorwig

Beth wnes i wedyn oedd mynd i ddreifio lorïau yn y cyfnod rhwng 1974 – 1984 pan oedd Pwerdy Trydanol Dinorwig yn cael ei adeiladu o dan fynydd Elidir Fawr. Roeddwn wrth fy modd y tu ôl i lyw lori yno. Cario concrid roeddwn i ac roedd fflyd o lorïau yn gwneud yr un gwaith. Roedd gan bob gyrrwr ei lori 'Dodge' bersonol yno â rhif arbennig ar ei hochor. Lori rhif 8 oedd gen i ac fu hi fawr o dro nad oeddwn wedi fy llysenwi'n 'Indiaroc Pwllheli'! Ymhen amser cwblhawyd y gwaith yn Ninorwig ac nid oedd fy angen yno wedyn.

Gyrru lori anifeiliaid

Cefais gyfnod o ddreifio lori anifeiliaid wedyn i Robin Pritchard, Tŷ Isa', Rhydyclafdy. Byddwn yn mynd â llwythi o wartheg i ladd-dy yn Nottingham a hefyd yn cario

Un o fy nghyd-weithwyr yn Chwarel Dinorwig
yn dreifio lori debyg i'r un oedd gen i

gwartheg a defaid i Oldham. Bu cyrraedd y lladd-dy yn
Oldham yn brofiad ynddo'i hun. Roeddwn wedi cael ar
ddeall cyn cychwyn o Rydyclafdy na fyddai neb yno i fy
nghyfarfod gan y byddai'n hwyr y nos ac y byddai raid i mi
ddadlwytho fy hun. Pan gyrhaeddais Oldham dyma holi
plismon ble'n union oedd y lladd-dy.

'Go straight down the road and turn left after our house'
meddai.

'But I don't know where you live!' meddwn inna wedyn.

'No, no,' meddai yntau, 'Our House is the name of the pub!'

Camddealltwriaeth go iawn, ynde. Hefyd ychwanegodd y byddai'n rhaid i mi gynnau'r golau i fedru gweld y giatiau. Eglurodd fod swits y golau wedi'i leoli mewn twll yn y wal ac y byddai'n rhaid i mi roi fy llaw i mewn i bwyso'r swits. Diolchais iddo ac i ffwrdd â fi yn y lori a heibio 'Our House' ac aros tu allan i giatiau'r lladd-dy. Roedd yn dywyll fel bol buwch yno ond cefais hyd i'r twll yn y wal a rhoi fy llaw i mewn. Argian Dafydd, roedd y twll tua troedfedd o ddyfnder a bu'n rhaid rhoi fy mraich i gyd i mewn i leoli'r swits. Digon petrus o'n i'n gwneud hynny hefyd gan feddwl y gallai llygoden fawr neu ryw greadur arall fod yn llechu yno! Doedd dim yno, wrth gwrs, a phwysais y swits a dyma'r llifoleuadau ymlaen i ddatgelu'r lladd-dy a'r corlannau anifeiliaid. Go brin fod y system hon yn dal i fodoli yno heddiw ac o bosib fod y lladd-dy ei hun wedi diflannu hefyd.

Roeddwn yn cario i Nottingham ddwywaith yr wythnos ac i Fanceinion deirgwaith yr wythnos. Weithiau byddai gofyn i mi fynd i Lanidloes, Oldham a Preston. Er 'mod i'n mwynhau dreifio lori, mae'n medru bod yn waith unig os ydi rhywun yn gorfod mynd yn bell ac mae'n hwyr ar rywun yn cyrraedd adref wedyn. Hefyd roedd angen dreifio ym mhob tywydd a chofiaf gyrraedd adref wedi brwydro drwy eira mawr un noson o aeaf ac yn fy nisgwyl yn yr ardd roedd pedwar dyn eira mawr. Roedd y plant wedi bod wrthi drwy'r dydd yn eu gwneud ar fy nghyfer. Dim ond un oedd i fod yno ond gan 'mod i wedi bod mor hir ar fy nhaith aethai'r un yn bedwar!

Glesni ac Eleri hefo'r pedwar dyn eira, Chwefror 1978

Yng nghwmni Erwyd (ar y chwith) yng Nghapel Bangor,
ger Aberystwyth, Hydref 1994

Yr Hyfforddwr Gyrru

Mentro ar gwrs hyfforddi gyrru

Wrth sgwrsio hefo Jean un noson dyma wyntyllu'r syniad y buaswn yn hyfforddi i fod yn hyfforddwr gyrru. Roedd yn dipyn o gam i'w gymryd ond gan fy mod i'n hoffi gyrru p'run bynnag, roedd yn gam naturiol rhywsut. Hefyd byddwn yn sicr o gael cyflog rheolaidd pe bai popeth yn mynd o fy mhlaid. Wrth gwrs, fe wnaeth y ddau ohonom drafod pethau fel fedrwn i fod yn hyfforddwr tawel, digyffro ac amyneddgar er mwyn i'r darpar yrrwr goncro nerfau a magu hyder? Oeddwn i'n ddigon trefnus, proffesiynol ac yn hunan-ddisgybledig? Oeddwn i eisiau bod yn feistr arnaf fi fy hun? Gan fod Jean a finnau'n credu y medrwn i wneud hyn i gyd a'i fod yn golygu y byddwn yn medru rhoi mwy o amser i'r teulu gyda'r nosau, dyma fwrw iddi'n syth.

Y cam cyntaf oedd archebu ffurflen o swyddfa y DVLA yn Marsham Street yn Llundain. Ar y pryd roedd y swyddfa wedi'i lleoli yn adeilad hynod Marsham Towers – cyfres o dri thŵr uchel wedi'u cyd-gysylltu. Yn wir roedd yr adeilad wedi ennill gwobr bensaernïol ac yn cael ei gysidro'n fodern iawn yn ei ddydd ar gyfer swyddfeydd y llywodraeth. Ond i lawer, roedd yn adeilad hyll iawn a buan y mabwysiadodd y llys-enw 'Y Tair Chwaer Hyll'! Nid yw'r adeilad yn sefyll bellach ar ôl iddo gael ei ddymchwel yn 2003.

Beth bynnag, fe gyrhaeddodd y ffurflen a dyma fynd ati'n syth i'w llenwi a'i hanfon i ffwrdd. Mater o ddisgwyl oedd hi wedyn a chyfnod o astudio pob llyfr ar gyfer hyfforddwyr oedd ar gael am wn i yn ogystal â meistroli'r llyfr bach o reolau'r ffordd fawr. Mae sawl un ohonoch chi'n gyfarwydd â hwnnw wrth gwrs. Erbyn i mi fynd drwy yr holl lyfrau a phamffledi, am wn i nad oedd Jean yn gwybod pob ateb cystal â minnau gan ei bod wedi gorfod fy mhrofi ar bob agwedd o yrru. Wel wir i chi, un diwrnod dyma'r postman yn cyrraedd hefo llythyr reit swyddogol i mi yn fy ngwahodd i Gaer i sefyll prawf theori gyrru.

Sefyll arholiadau Hyfforddwr Gyrru

Aeth Dic fy ffrind o Gaernarfon, oedd hefyd wedi penderfynu mynd yn hyfforddwr gyrru, a minnau i Gaer i sefyll yr arholiad. Goeliwch neu beidio, ond roedd eisiau ateb cant o gwestiynau – saith deg ohonyn nhw'n rai ticio bocs a'r gweddill yn atebion ysgrifenedig. Doeddwn i ddim wedi sgwennu cymaint ers talwm iawn – os o gwbl!

Roedd rhyw ugain ohonom yn cymryd y prawf y diwrnod hwnnw. Er mwyn sicrhau na fyddem yn hwyr yn cyrraedd, roedd Dic a finnau wedi cychwyn mewn da bryd felly roeddem yno o flaen pawb a chawsom ein cyfeirio i'r ystafell briodol. Agorodd y drws toc a daeth dyn mawr ymhell dros ddwylath i mewn wedi'i wisgo mewn siwt ddu, crys gwyn a thei coch llachar. Edrychai'n smart iawn a chariai ryw gês du smart o dan ei gesail. Dacw Dic a fi'n edrych ar ein gilydd ac yn meddwl tybed fuasai'n well i ni ei throi hi am adref cyn dechrau oherwydd roedd y gŵr hwn – a'r gweddill oedd yno a dweud y gwir – yn edrych braidd yn snobyddlyd, heb fawr iawn i'w ddweud wrth ryw ddau Gymro bach o gefn gwlad.

Ta waeth, dal ein tir wnaethon ni ill dau a llwyddo i gwblhau'r arholiad wedi treulio tair awr yn ceisio cofio yr atebion cywir. Gredwch neu beidio ond aeth y dyn mawr smart allan ar ôl dwyawr! Wn i ddim yntau methu ateb oedd o neu ei fod o wedi gorffen y prawf o flaen pawb. Roedd goruchwyliwr yn eistedd tu ôl i fwrdd o'n blaenau yn yr ystafell brawf ac roedd ganddo wallt steil Elvis Presley a sbectol ar flaen ei drwyn. Siŵr gen i fod o'n greadur blin ar y naw achos wenodd o ddim un waith, dim ond rhythu arnom dros ei sbectol bob yn hyn a hyn.

Fel ryw hogyn ysgol nad oedd ddim llawer o eisiau sefyll arholiad, dim ond beiro, pren mesur, pensel a rwber oedd gen i hefo fi. Rywsut neu'i gilydd, disgynnodd y pren mesur i'r llawr. Dyma'r dyn diflas yn codi ar ei draed gan edrych dros ei sbectol yn fwy blin hyd yn oed ac yn dweud mewn llais trwm,

'Quiet please!'

Wedi codi'r pren mesur fe sylwais fod y creadur yn dal i rythu arnaf. Erbyn hyn roeddwn i'n dechrau teimlo fy hun yn tynhau ac yn meddwl nad oeddwn wedi dod o Bwllheli yr holl ffordd i Gaer i gael fy nhrin fel baw gan hwn, a dyma fi'n penderfynu syllu'n ôl arno a hynny am tua deng i bymtheng eiliad nes iddo eistedd i lawr a minnau i gario ymlaen gyda fy ngorchwyl. Ar y diwedd es â 'mhapurau at ei fwrdd ac er mawr syndod i mi fe gododd ei ben gan yngan diolch mewn llais llawer iawn mwy tyner. Na, dydi hi ddim yn talu i fod yn annifyr hefo pobl.

Ni fu raid aros yn hir iawn i gael gwybod fy mod wedi llwyddo yn y prawf theori er mawr ryddhad i mi – ac i Jean dw i ddim yn amau, gan ei bod wedi bod yn gymaint rhan o'r paratoi hefo'r llyfrau hyfforddi ac ati. Daeth gwahoddiad wedyn i fynd yn ôl i Gaer i sefyll y prawf gyrru a chredwch neu beidio, ond pwy oedd yr arholwr ond y dyn blin ei hun, Mr Thompson. Diolch i'r drefn, roedd ei agwedd wedi newid tipyn erbyn y diwrnod hwnnw er nad oedd yn gwenu rhyw lawer chwaith. Cyfarwyddodd fi drwy strydoedd Caer a thu allan am tua awr a chwarter cyn dychwelyd i'r ganolfan brofion. Cefais wybod mewn ychydig ddyddiau drwy'r post wedyn fy mod wedi bod yn llwyddiannus.

Y trydydd prawf a'r olaf oedd cael gwahoddiad arall i Gaer i brofi fy ngallu i fel hyfforddwr. Roedd y prawf hwn mewn tri chymal. Yn gyntaf, roeddwn yn gorfod dychmygu fy mod yn rhoi y wers gychwynnol i ddarpar yrrwr mewn amser o ugain munud. Es ati drwy egluro sut mae'r sbardun yn gweithio, y brêc troed ac yna y clytsh, y lifar gêr, y brêc llaw a'r llyw a phob teclyn arall sydd o fewn cyrraedd y darpar yrrwr.

Yr ail gymal oedd ceisio dysgu un oedd eisioes wedi cael wyth i ddeg gwers. Roeddwn felly yn canolbwyntio ar droi yn y ffordd, bagio rownd cornel, troi i mewn i ffordd a dod allan, mynd o amgylch cylchfan ac yn y blaen. Yn y cymal olaf, roeddwn yn dychmygu fy mod yn gorfod rhoi gwers i un oedd yn barod i sefyll ei brawf gyrru. Y cyfan oedd eisiau yma oedd ceisio ennyn hyder yn y darpar yrrwr fel ei fod yn credu fod llwyddo o fewn cyrraedd.

Cefais wybod yn syth wedyn fy mod wedi llwyddo ond cyn cael sefydlu'r ysgol yrru, roedd yn ofynnol i mi dalu pedwar cant o bunnoedd i gael cofrestru gyda'r Adran Drafnidiaeth dan adain y llywodraeth.

Car newydd T.O. Mai 1994

Car newydd

Hefo Eurwyn Evans – mab y diweddar Ianto – Ysgol Yrru Nefyn

Ysgol Yrru Dwyfor

Cael cychwyn arni

Teimlwn reit gyffrous yn cychwyn arni i sefydlu fy musnes hyfforddi gyrru fy hun. Penderfynodd Jean a minnau roi'r enw Ysgol Yrru Dwyfor ar y busnes gan ein bod yn rhagweld mai o'r ddwy ardal benodol yma y deuai mwyafrif fy narpar-ddisgyblion. Wrth gwrs, y peth hanfodol cyntaf i'w wneud oedd sicrhau olwynion dibynadwy! Roedd cael gafael wedyn ar yr arwydd 'Ysgol Yrru Dwyfor' a'i roi ar y car yn gyffrous iawn a doedd dim ar ôl i'w ddweud wedyn ond – wel dyma fo, Thomas Owen, does dim troi'n ôl i fod rŵan!

Arwydd newydd

Prynu'r car cyntaf

Mae pob darpar-yrrwr yn reit bryderus, er nad yw pob un yn barod i gyfaddef hynny, pan mae yn eistedd tu ôl i lyw car am y tro cyntaf. Dyna pam, yn fy marn i, ei bod yn well cychwyn dysgu gyrru gyda char sydd ddim yn rhy fawr. Y car cyntaf a brynais oedd Ford Fiesta 1.1 litr petrol, wedi'i addasu gyda chlytsh a brêc ar fy nghyfer i fel hyfforddwr. Nôl yn 1981, roedd pris Fiesta newydd tua £3400. Er fy mod i wedi cael ceir o wneuthuriad arall yn ystod y blynyddoedd, mae'r Ford Fiesta yn fy mhlesio i yn fawr iawn. Mae'r gwasanaeth yn garej y Ffôr yn foddhaol dros ben a phe bai rhywbeth yn mynd o'i le, wel dim ond rhyw ychydig filltiroedd i lawr y lôn rydw i'n gorfod mynd.

Byddaf yn newid y car bob ryw ddwy i dair blynedd. Wrth gwrs, mae hyn yn dibynnu ar draul y car. Gallai darpar-

*Glesni yn eistedd tu ôl i lyw car cyntaf yr ysgol yrru
hefo Eilir a Llŷr, Mai 1981*

yrrwr daro fy nghar fory nesaf efallai neu fod y milltiroedd ar y cloc bellach yn rhy uchel. Ers pan dw i'n hyfforddi gyrwyr, rydw i wedi prynu ryw ddeg o geir yn cynnwys Peugot 205, Vauxhall Nova ac wyth Fiesta gyda dau o'r rheini yn geir diesel. Y car y llwyddais i'w gadw hiraf oedd Fiesta 1.6 Diesel. Fe newidiais hwn ar ôl 240,000 o filltiroedd. Roedd yr injan yn gweithio'n iawn ynddo ond roedd y gweddill wedi mynd i edrych braidd yn glwyfus.

Oriau gwaith

Pan ddechreuais hyfforddi dysgu, roeddwn yn gweithio oriau reit hir. Mewn gwirionedd, roedd yn rhaid gwneud hyn gan fy mod i'n cychwyn busnes o'r newydd ac felly angen manteisio cymaint â phosib ar y farchnad fel bod gen i lif cyson o ddysgwyr. Roedd hyn yn naturiol yn golygu gwneud dipyn o filltiroedd y flwyddyn. Ar y cychwyn, mae'n debyg fy mod i'n gwneud ryw dri deg pum mil o filltiroedd y flwyddyn ond mae hynny wedi gostwng i ryw bymtheng mil erbyn hyn gan fy mod i wedi cwtogi ar fy oriau gwaith. Tueddwn i weithio llawer iawn mwy o oriau yn ystod yr haf yn y gorffennol ond erbyn hyn, does dim llawer o wahaniaeth.

O ran oriau gwaith, byddaf yn cychwyn o wyth y bore hyd hanner awr wedi chwech yr hwyr yn ôl y galw. Nid wyf yn gweithio drwy'r dydd y dyddiau yma a dyna fantais fawr o fod yn fòs arnaf fy hun. Wrth reswm, os bydd gan rywun brawf gyrru yn fuan yn y dydd, byddaf yn cychwyn gweithio fymryn ynghynt os ydi'r disgybl eisiau gwers cyn ei brawf.

Erbyn hyn, dydw i ddim yn gweithio dros y Sul. Cymeraf ambell ddiwrnod arall i ffwrdd os y dymunaf hefyd. Mae rhywbeth braf iawn yn y ffaith fy mod i'n medru trefnu fy niwrnod gwaith fel rydw i ei eisiau gan nad ydw i'n atebol i neb ond fi fy hun. Dyna sut rydw i'n medru dal ati i weithio wedi oed ymddeol.

Dylwn ychwanegu fod gen i gar arall ar gyfer defnydd personol ac ar hyn o bryd, Ford Focus sydd yma. Fyddai o ddim yn ymarferol i ddefnyddio car yr ysgol yrru at fy nefnydd i neu'r wraig. Go brin y byddai Jean yn hapus iawn pe na bai ganddi gar wrth law i fynd i'r fan yma a'r fan arall chwaith!

Hyfforddi disgyblion amrywiol

Fy nisgybl cyntaf

Tipyn o ddiwrnod oedd rhoi fy ngwers yrru gyntaf. I John Jones o Lanbedrog mae'r clod am hynny a do, fe lwyddodd i basio'i brawf y tro cyntaf hefyd. Teimlwn braidd yn nerfus fy hun ar ddiwrnod y prawf er nad oedd fiw i mi ddangos hynny iddo. Gobeithiwn fy mod wedi rhoi'r hyfforddiant cywir a digonnol iddo a'i fod yntau wedyn yn gallu rheoli'i nerfau am ryw ugain munud, fel oedd hyd y prawf y dyddiau hynny. Pan ddaeth John allan o'r car ar derfyn y prawf roedd gwên lydan ar ei wyneb ac roeddwn yn teimlo'n eithaf balch fy mod wedi gwneud fy ngwaith yn iawn.

Y Disgybl Hynaf

Yr hynaf i mi ei hyfforddi erioed oedd gŵr yn ei wythdegau ar y pryd sef Robert Mason. Dyn hynod o ddiddorol o Birmingham oedd Robert a symudodd yn ugain oed i fyw a gweithio ar fferm ar un o ynysoedd gorllewinol yr Alban lle nad oedd angen trwydded i yrru. Un o Lŷn oedd ei wraig yn wreiddiol a dyna pam y penderfynodd y ddau ddychwelyd i fro ei mebyd hi i ymddeol a setlo ym Mwlchtocyn. Nid hawdd oedd cyfleu sut i yrru'n ddiogel i un oedd wedi hen gyfarwyddo â gyrru ar ynys ddidrwydded am gyhyd. Roeddem yn dueddol o siarad mwy am ffermio ar ynys bellenig na chanolbwyntio ar y dreifio, ond llwyddodd Robert yn ei brawf gyrru yn y diwedd chwarae teg iddo.

Y gyrwyr gorau

Hen ddadl ydi honno sy'n trio dweud fod bechgyn yn well gyrwyr na genod. Wel yn fy marn i, does dim gwahaniaeth rhwng y ddau ryw! Mae gan bob person ei bersonoliaeth ei hun ac felly rydw i yn mynd ar ôl cymeriad rhywun. Mae rhai yn ofnadwy o nerfus, rhai'n ofnadwy o ddistaw, eraill yn siarad braidd ar y mwyaf, ond ar ddiwedd y dydd, y ffordd o gysylltu a throsglwyddo gwybodaeth sy'n bwysig, boed ferch neu fachgen. Yn fy ngwaith i p'run bynnag, fasa fiw i mi ochri hefo un rhyw ar draul y llall.

Gyrwyr anobeithiol

Yn ystod fy ngyrfa o dri deg a phedair o flynyddoedd, dim ond pedair gwaith rwyf wedi gorfod cynghori dau fachgen a dwy ferch i roi'r gorau i feddwl am ddysgu gyrru. Gwn i mi bechu'n ofnadwy hefo un ferch ac aeth ar ei hunion at hyfforddwr arall dim ond i brofi iddi hi ei hun ei bod yn gwbl anobeithiol. Ar ddiwrnod ei phrawf mi drodd i'r chwith i mewn i stad o dai gan fethu sythu'n ddigon buan ac aeth ar ei phen drwy wal a dod i stop mewn gardd ar lawnt berffaith wastad a thaclus. Wps!

Dyn anobeithiol hefyd oedd hwnnw o Abererch oedd wedi byw ar ben ei hun ers blynyddoedd. Roedd yn ei chwe degau ac wedi bod yn gyrru motobeic bron iawn ar hyd ei oes. Deuai i Bwllheli yn ddyddiol i gael ei ginio am hanner dydd yn ddi-ffael, gaeaf a haf. Nid oedd yn hoffi tywydd oer y gaeaf a dyna pam iddo benderfynu dysgu dreifio car. Wel y creadur, nid oedd fawr o siâp ar ei ddreifio ond ar ddiwedd bob gwers byddai'n diolch o waelod calon am y sgwrsio ac yn edrych ymlaen i'r wers nesaf i gario 'mlaen â'r trin a'r trafod. Ia, dwi'n grediniol mai cwmnïaeth oedd o eisiau fwyaf yn hytrach na dysgu dreifio. Hen beth ofnadwy ydi bod yn unig. Rhoddodd ddau gynnig ar y prawf gyrru ond heb lwyddiant. Fe ofynnais i'w ddau arholwr oedd ganddo unrhyw obaith ond ysgwyd eu pennau wnaeth y ddau. Ceisiais gyfleu yn gwbl gwrtais i'r gŵr y buasai'n well iddo gadw ei bres a defnyddio'r tocyn bỳs i ddod i'r dref i gael ei ginio a chwarae teg iddo, fe dderbyniodd fy nghyngor yn ddigon tawel.

Am y ddau arall nad oedd gobaith iddynt? Gwell dweud dim ydi'r gorau! Doedd dim gobaith caneri ganddyn nhw.

Pobl ddifyr

Margaret Jones

Yn rhinwedd fy swydd, rydw i'n dod ar draws pob math o bobl. Mae ambell un yn parhau'n y cof am reswm arbennig. Un o'r rhai hynaf i mi eu hyfforddi i ddreifio car oedd Margaret Jones o Borthmadog. Saith deg oed oedd hi pan lwyddodd i basio ei phrawf gyrru. Cafodd ei magu yn Rhif 4, Rhesdai Bodegroes yma yn Efailnewydd. Symudodd i Borthmadog pan oedd yn ddeg oed ac yna pan oedd yn ddim ond yn bedair ar ddeg oed, aeth i weithio mewn gwesty mawr yn Llundain. Bu yno am hanner can mlynedd nes iddi gyfarfod â John, ei gŵr. Garddwr ym mhentref Eidalaidd Portmeirion oedd John ac fel mae'n digwydd roedd yno swydd wag fyddai'n addas ar gyfer Margaret hefyd. Roedd rheolwr Portmeirion ar y pryd angen tystlythyr neu C.V. gan gyflogwr Margaret yn Llundain. Yr unig ateb dderbyniodd Portmeirion oedd:

'She worked at this hotel for fifty years!'

Afraid dweud fod hynny'n ddigon a dyna sut y dychwelodd Margaret yn ôl i'w chynefin.

Cafodd Margaret ei gwersi cyntaf yn fy nghar i oherwydd fod rheolaeth ddyblyg arno. Ar ôl ryw hanner dwsin o wersi roedd Margaret yn awyddus i fynd yn ei char ei hun sef Vauxhall Viva, cofrestriad P. Aethom allan o Bwllheli cyn belled â chylchfan Bryn Cynan ger Nefyn cyn dychwelyd i'r dre gan droi i'r dde heibio Swyddfa'r Post. Fel arfer, gyda ffordd glir, buaswn yn cynghori troi yn yr ail gêr, ond tro yma – er mwyn diogelwch – meddyliais y byddai'n well mynd lawr i'r gêr gyntaf. Dyma ddechrau troi yn bwyllog ac yna, fwyaf sydyn, rhoddodd Margaret ei throed ar y sbardun a llamodd y car ymlaen dros y palmant cyntaf a dod i stop hanner ffordd ar ben yr ail balmant! Y dyddiau hynny roedd siop ddodrefn Roger Williams ar y gornel a beth oedd i'w weld yn y ffenest ond clamp o wely mawr a dyma fi'n dweud,

'Wel Margaret fach, bu bron i ni a landio yn y gwely!'

Ddwedodd hi fawr o ddim achos roedd wedi cael cymaint o sgytwad. I goroni'r cyfan, pnawn Dydd Mercher oedd hi ac roedd pobl yn cerdded ar y palmant a'r rheini'n sgrechian ac yn neidio o'r ffordd. Bu'n rhaid i mi ddreifio oddi yno ond fe ddaeth Margaret yn ôl am wersi eto ymhen ysbaid fach a llwyddodd i basio ei phrawf gyrru yn y diwedd tua mis Mai 1990.

Y Tad Joseff

Cymeriad doniol oedd y Tad Joseff, o Gartref y Pwyliaid ym Mhenyberth. Mynnai'r Tad Joseff gael gwersi yn ei fini melyn awtomatig. Un tro, roeddem ni'n gyrru i fyny Lôn Llŷn ac ychydig o'n blaenau gwelsom ddwy wraig mewn tipyn o oed a sgarffiau dros eu pennau yn croesi'r ffordd. Yn hytrach nac arafu, fe gyflymodd y Tad Joseff os rywbeth.

'Slow down Father!' gwaeddais a'r ateb direidus gefais oedd,

'It'd be seven pounds a piece.'

Ia, roedd y Tad yn meddwl mai busnes ydi busnes!

Wrth grybwyll y Tad Joseff un arall y bûm yn ei hyfforddi o'r un byd, fel petae, oedd lleian. Oherwydd ei gwisg, roedd ei sgert laes yn dipyn o rwystr. Bob tro roedd hi'n codi ei throed i roi'r clytsh i lawr, roedd hi hefyd yn tynnu'r sgert i lawr ryw fymryn. O ganlyniad, byddai'n rhaid aros bob hyn a hyn iddi gael sythu ei gwisg! Roedd gweddusdra yn amlwg yn bwysig iawn iddi.

Eisteddfod i'w chofio

Yn 1982, daeth Eisteddfod yr Urdd i Bwllheli ac roeddwn
wedi trefnu i roi ei wers gychwynnol i fachgen o'r dref.
Dyma gychwyn am chwech ar derfyn prynhawn heulog a
gyrru'n ofalus draw am Fryn Cynan ac yna'n ôl. Wrth
gyrraedd Tyrpeg, neu gylchfan Pulrose erbyn heddiw, dyma
fo'n arafu'r car oherwydd mai gan gerbydau o gyfeiriad
Abersoch roedd y flaenoriaeth. Yna rhoddodd ei droed ar y
sbardun a chodi'r clytsh i'r lle mae o'n bachu a gollwng y
brêc llaw i lawr. Dydw i ddim yn sicr beth yn union
ddigwyddodd wedyn achos dyma'r car yn gwneud 'wheelie'
a neidio ar draws y ffordd am lôn Abersoch . Dyma fi'n
cythru am y rheolaeth ddyblyg a stopio'r car tua llathen cyn
cyrraedd y wal ochr bellaf y ffordd! Oherwydd ei bod hi'n
eisteddfod, roedd y traffig yn drwm o bob cyfeiriad –
Abersoch, Pwllheli ac o Efailnewydd. Wrth gwrs, bu'n rhaid
cyfnewid dreifar yn syth ond fe ledodd y stori fel tân gwyllt
o gwmpas yr ardal. 'Embaras go iawn,' medda fi!

Problemau Cyfathrebu

Bachgen o'r India

Rydw i wedi hyfforddi ambell yrrwr o dramor i ddreifio yn cynnwys rhai o Bangladesh, Tsieina, Twrci a'r Eidal. Un sy'n aros yn y cof ydi bachgen oedd yn gweithio ym mwyty 'Passage to India' ym Mhorthmadog. Nid oedd yn gallu siarad yr un gair o Saesneg ond roedd ei reolwr yn y bwyty yn rhugl yn yr iaith. Chwarae teg iddo, roedd yn dod i eistedd yng nghefn y car bob gwers ac yn cyfieithu yr hyn roeddwn eisiau ei ddweud wrth y darpar-yrrwr. Doedd hynny ddim yn beth hawdd bob amser. Dychmygwch sefyllfa, er enghraifft, lle'r oeddwn i'n siarad gyda'r cyfieithydd yn y cefn ac yntau'n rhoi y neges fod eisiau newid o'r bedwaredd gêr i'r ail, eisiau brecio yn gyntaf ac yna newid y gêr. Roedd gofyn i mi fod yn llygadog iawn ar brydiau a medru rhagweld beth allasai ddigwydd.

Wel, daeth diwrnod y prawf gyrru a'r un sefyllfa yn union oedd hi eto, ond fod yr arholwr y tro hwn yn trosglwyddo cyfarwyddiadau i'r cyfieithydd. Roedd y cyfaill yn y cefn yn ddreifar profiadol ond nid oedd yn teimlo fod y gyrrwr wrth gyrraedd cyffordd yn arafu'n ddigon buan. Pan ddywedodd yr arholwr wrth y gyrrwr am droi i'r chwith ar waelod y Stryd Fawr dyma'r cyfieithydd yn ddiarwybod i'r arholwr, yn dweud wrth ei ffrind am droi i'r chwith ond hefyd yn ei rybuddio i arafu yng nghynt!

Ar derfyn y prawf roedd angen gofyn ychydig o gwestiynau ar reolau'r ffordd fawr – roedd hyn cyn dyddiau'r prawf theori cyfredol. Dyma'r arholwr yn gofyn i'r cyfaill yn y cefn beth oedd pwrpas llinellau dwbl. Yr ateb gan y dyn bach wrth y llyw oedd ysgwyd ei ben a dweud nad oedd yn gwybod. Ond gwyddai'r cyfieithydd beth oedd arwyddocad y llinellau ac fe roddodd yr ateb cywir i'r arholwr! O ydi, mae hi'n bosib cuddio y tu ôl i iaith weithiau! Mae'n siŵr eich bod yn methu â deall sut ydw i'n gwybod yr hanes yma. Wel, y cyfieithydd ddywedodd wrtha i wedi i'w gyfaill lwyddo'n y prawf!

Bywyd bregus Bangladesh

Rydw i'n cofio hyfforddi gŵr arall o Fangladesh hefyd. Roedd hwn yn gallu siarad Saesneg yn weddol rugl ac roedd yn gymeriad digon dymunol. Un bore dyma fo mewn i'r car gan edrych reit ben-isel a fawr iawn o sgwrs. Dyma ofyn beth oedd yn ei boeni ac atebodd,

'My father and brother have gone to the mountains.'

'What do you mean, "Gone to the mountains?"' holais innau wedyn.

'They kill a man and they go to hide in the mountains!'

Wel, bu bron i nghalon i stopio'n y fan a dychmygais nhw'n swatio mewn rhyw gilfachau'n Eryri yn rhywle.

'What, here?' gofynnais innau yn grynedig reit â nau lygad fel soseri.

'No, they go to mountains in Bangladesh,' atebodd yntau.

'But if the police catch them they will go to jail' meddwn innau.

'Oh no,' meddai yntau wedyn, 'they stay in mountains for two weeks and then they come down and the police will have forgotten everything.'

Efallai 'mod i wedi teimlo ychydig bach yn well wedyn ond sobrwydd mawr, fe ddysgais y bore hwnnw nad oedd fawr o werth ar fywyd ym Mangladesh!

Cyfarfod ambell ffŵl

Cefais brofiad digon annifyr gydag un bachgen. Mae gan y Gwasanaethau Cymdeithasol dŷ yn y Ffôr ac ar y pryd roedd tri o bobl ifanc yn cael eu gwarchod yno. Cefais lythyr drwy'r post un bore o'r swyddfa yng Nghaernarfon yn gofyn a fuaswn yn hyfforddi un o'r tri i ddreifio. Wedi cytuno ar delerau a sicrhau fod ganddo drwydded, dyma gychwyn o'r Ffôr am Rhos-fawr ac yna ymlaen am Frochas cyn troi yn ôl. Doedd fawr o siâp ar y dreifio i ddweud y gwir ac wedi dod heibio tro sied goed Hendre Bach ac union gyferbyn â Prysgol, dyma fo'n troi'r llyw yn sydyn i'r dde ac ar draws y ffordd am lôn Tyddyn Shôn! Ond yn waeth na hynny, roedd lori fawr felen O. J. Jones Porthmadog yn dod o gyfeiriad y Ffôr rhyw ugain llath i ffwrdd. Wel dyma sŵn breciau awyr ofnadwy a chorn y lori yn canu fel corn Enlli dros bob man! Roeddwn wedi gwylltio'n gacwn hefo'r bachgen ac wedi dychryn i ddweud y gwir fod y ffŵl wedi peryglu bywydau, ond wnâ i ddim manylu ar yr iaith ddefnyddiais ar y pryd. Pan ofynnais i'r hogyn hwn pam y gwnaeth y ffasiwn beth, atebodd yn jarfflyd reit ei fod yn meddwl yr hoffai fynd adra ar hyd y ffordd gefn! Chafodd y bachgen hwnnw ddim gwers gen i wedyn a welais i mohono'n cael gwers gan neb arall chwaith.

Merch gegog Manceinion

Anaml iawn y bydda i'n ffraeo hefo neb yn y car, ond roedd hi'n stori wahanol iawn gydag un ferch gegog iawn o Fanceinion. Ar ddechrau'r wers gyntaf, dyma hi mewn i'r car a minnau'n gofyn ambell gwestiwn iddi fel a oedd modd gweld ei thrwydded ac os oedd ganddi unrhyw brofiad o yrru. 'Oes,' oedd ei hateb parod a dywedodd mai fi oedd ei phedwaredd hyfforddwr! Doedd hynny ddim yn argoeli'n dda iawn a buan iawn y gwelais pam. Roedd ganddi ateb i bob dim a doedd hi chwaith ddim yn fodlon i gael ei chywiro. Doedd dim modd dal pen rheswm hefo hi. Wel coeliwch neu beidio ond roedd hi allan o'r car mewn llai na hanner awr – Hmm, ia dim angen dweud mwy!

Y pwysigyn penfelyn

Un arall o Fanceinion y bûm yn ei hyfforddi oedd bachgen oedd wedi dod i fyw i Lanaelhaearn. Doedd o ddim yn fachgen tal iawn ond roedd yn llydan a chanddo fop o wallt melyn. Doeddwn i ddim yn dod ymlaen yn dda iawn hefo hwn chwaith ac roedd yn f'atgoffa'n gyson fod ei dad yn hyfforddwr yn y fyddin. Dyma ofyn iddo pam felly nad oedd ei dad yn ei hyfforddi. Chefais i ddim llawer o ateb ganddo. Beth bynnag, dyma ddiwrnod y prawf yn cyrraedd. Doedd yr un wers wedi mynd yn hwylus iawn hefo fo ac roeddwn wedi cyrraedd pen fy nhennyn hefo fo bron iawn bob tro. Ddywedais i erioed hyn o'r blaen nac wedyn chwaith, ond fe ddaeth yn ei ôl wedi methu'r prawf a dyma fi'n dweud wrtho fy mod yn falch iawn mai felly'r oedd hi! Mae'n dda, dwi'n siŵr, ei fod o un ochr i'r car a finnau yr ochr arall iddo pan ddywedais fy marn amdano! Welais i mo'r creadur hwnnw chwaith ar ôl hynny, diolch i drefn.

Malu car

Dydw i ddim yn amau nad oes ambell un yn meddwl y caiff o neu hi fynd ati i niweidio fy nghar yn fwriadol i weld beth fyddai fy ymateb mae'n siŵr! Bron ar derfyn gwers un disgybl, a rhyw labwst mawr oedd o hefyd, roedden ni'n dod yn ddigon pwyllog ar hyd lôn Boduan i gyfeiriad Pentreuchaf. Fel roedden ni'n dod lawr yr allt ac yn croesi'r bont dyma'r creadur gwirion yn troi'r llyw i'r chwith yn sydyn ac ar ei ben i'r wal gerrig! Wel, roeddwn i'n wallgo! Doedd y car yn dda i ddim wedyn a bu'n rhaid i mi brynu un arall. I roi halen ar y briw dyma'r llarbad yn gofyn i mi wedyn pryd cai o ddod am y wers nesa!

'Chei di'r un wers gen i eto ngwas i!' meddwn i neu ryw eiriau i'r perwyl yna. Wn i ddim fentrodd rhywun arall i roi gwersi iddo ond welais i mohono wedyn, diolch byth.

Y parchedig pwyllog

Cefais alwad ffôn tua diwedd y nawdegau gan weinidog – merch, i ddweud yr hanes yn glir – oedd wedi derbyn galwad i fugeilio. Gofyn oedd hi a fuaswn yn rhoi cwrs atgyfnerthu gyrru iddi. Roedd wedi llwyddo yn ei phrawf gyrru ers tro byd ond heb fod y tu ôl i lyw car rhyw lawer ers hynny. Cytunais a threfnu i'w chyfarfod ym maes parcio Eglwys Sant Pedr ym Mhwllheli tua naw o'r gloch. Roedd y ferch wedi derbyn galwad i fugeilio eglwysi ym Mhenrhyndeudraeth, Croesor, Talsarnau a Harlech. Cychwynnom o Bwllheli ar fore braf ym mis Mai ac i ffwrdd â ni i gyfeiriad Penrhyn, gan ddilyn y strydoedd cefn ac am dŷ'r gweinidog. Mae'r ffyrdd braidd yn gul yno gyda waliau uchel naill ochr. Gan mai yn ei cherbyd hi roeddem yn gyrru, nid oedd gennyf reolaeth ddeuol petai rhywbeth yn mynd o'i le. Wrth fynd draw am Groesor, roedd y ffyrdd wedi culhau yn arw erbyn hyn ac yn ddi-rybudd dyma hi'n stopio'r car ar ganol y ffordd.

'Be sy'n bod?' gofynnais.

'Wel,' eglurodd, 'pan fydda i'n mynd i gyhoeddiad ar y Sul a char yn dod i nghyfarfod ar y ffyrdd cul yma, efallai

bydd yn rhaid i mi fagio ac fe hoffwn i wneud hynny rŵan.'
Felly y bu a dyma ddechrau bagio am ryw ganllath a phopeth
yn mynd yn iawn, diolch am hynny. Doedd dim angen iddi
boeni o gwbl. Dim ond angen magu mwy o hyder oedd
eisiau arni.

Aethom ymlaen wedyn am Harlech lle'r oedd y capel dan
ei gofalaeth rhyw dri chwarter ffordd i fyny gallt serth a fawr
iawn o le i droi'n ôl. Roedd hi'n awyddus iawn i weld a fedrai
hi droi'r car yno. Beth bynnag, dyma fynd ymlaen heibio'r
capel rhyw ychydig bach ac aros. Cododd y brêc llaw ac
oherwydd fod y gornel yn gul ac yn siarp, eglurais wrthi y
byddwn i'n edrych ar ôl y brêc llaw fel ei bod hithau'n medru
canolbwyntio ar y llyw gan droi i gyflawni y tro tri thro. Aeth
yn llawer mwy na thri tro! Roedd gen i ofn iddi godi'r clytsh
yn rhy sydyn ac y byddai'r car yn saethu'n ei ôl drwy'r
clawdd cerrig. Ar ôl ryw bum munud o fustachu, fe
lwyddwyd i droi trwyn y car am adra ac roedd y ddau
ohonom i ddweud y gwir yn teimlo ein bod wedi cyflawni
gorchwyl o'r mwyaf y bore hwnnw.

Wrth ddychwelyd am Benrhyn gofynnodd y gweinidog a
fuaswn yn hoffi cael paned o goffi a dyma droi fewn i gaffi
'Little Chef,' nad yw yno erbyn heddiw. Cawsom baned dda
a theisen. Pe bai rhywun wedi'n gweld yno, mae'n siŵr y
byddai yna stori'n mynd ar led yn reit sydyn fod y gweinidog
yn cadw cwmni dyn diarth mewn caffi! Pan gyrhaeddom yn
ôl i Bwllheli ac i faes parcio'r eglwys, am ryw reswm fe
gymysgodd rhwng y sbardun a'r brêc ac yn lle aros wrth
gwrs, dyma'r car yn saethu ymlaen a bu raid i mi ruthro i'r
brêc llaw! Arhosodd y car bron wrth y gwrych uwchben y
dibyn i'r lôn. Ia, bore braf o Fai ond hefyd un cofiadwy.
Chwarae teg iddi, roedd ei chalon yn y lle iawn.

Manteision Fy Swydd!

Yn flynyddol, cynhelir diwrnod agored i hyfforddwyr gyrru mewn amrywiol leoliadau megis Silverstone a Brands Hatch. Pwrpas y diwrnod ydi cael y cyfle a'r profiad i yrru gwahanol fodelau o geir. Mae o hefyd wrth gwrs yn gyfle i ni fel hyfforddwyr ddod i adnabod ein gilydd a chyfnewid problemau a straeon gan ein bod gan mwyaf yn gweithio i ni ein hunain ac ddim yn cael y cyfle i fod yn rhan o dîm. Dydi hyn ddim mor wir mewn ardaloedd trefol ond yma yng nghefn gwlad Cymru, mae'n sicr yn gallu bod yn waith digon unig ar brydiau.

Bydd gwneuthurwyr ceir yn mynychu'r diwrnodau hyn ac yn Silverstone un flwyddyn, roedd tua wyth cwmni gwahanol ac roeddem yn cael gyrru eu ceir deirgwaith o amgylch y trac enwog os oeddem yn dymuno. Y ddau gerbyd cyflymaf y bûm yn eu gyrru oedd Toyota Mk2 a Rover 827i. Dylwn ychwanegu fod dau hyfforddwr arall o Lŷn hefo fi yn y car fel roeddwn i'n chwyrnellu o amgylch y trac!

Llwyddais i yrru ar gyflymder o gant pedwar deg milltir yr awr yn y Toyota – na, does yna ddim camerâu cyflymder yn Silverstone! Mae'r trac tua deugain llath o led mewn rhai llefydd felly does gan yrrwr ddim llawer o synnwyr o gyflymder, ond wrth i mi gornelu, roedd y car yn dechrau llithro a'r teiars yn gwichian ond trwy ryfedd wyrth llwyddais i'w gadw ar bedair olwyn! Roedd hi'n bleser cael gyrru y Rover 827i hefyd.

Rasio'n erbyn car plismon!

Ar yr un diwrnod roedd Heddlu Swydd Bedford wedi cael gwahoddiad i Silverstone i ddangos i ni'r hogiau sut i yrru ar drac. Roedden ni'r tri Chymro mentrus, yn gwibio mynd yn y Rover a dyma Volvo 760 heibio a'r teithiwr yn y sedd flaen yn rhoi ryw hanner gwên arnom cystal â dweud mai'r heddlu oedd yn gallu rheoli car orau! Wel, doedd y tri o Lŷn ddim wedi teithio dau gant o filltiroedd i Silverstone i ddod yn ail i yrrwr yr heddlu a dyma fynd amdani!

Roeddem yn trafaelio tua cant ac ugain milltir yr awr ac yn agosáu at y 'chicane.' Yn gyntaf, dyma gornel i'r chwith a brecio'n galed a symud y gêr o'r bumed i'r drydedd a rhoi mymryn mwy o bwysau ar y sbardun, brecio eto ac yna wrth fynd allan o'r ail gornel, gwasgu'r sbardun go iawn – y 'Pedal on the Metal' fel maen nhw'n ei ddweud – a heibio'r 760 turbo a fy nau gyfaill yn codi llaw'n frenhinol ar y ddau heddwas yn y Volvo! Wel, sôn am chwerthin a thynnu coes wedyn. Dydw i ddim yn meddwl fod Heddlu Swydd Bedford yn rhy hapus chwaith 'mod i wedi gwibio heibio iddyn nhw a hynny'n hollol gyfreithiol fel tae!

Mae'n bosib i unrhyw aelod o'r cyhoedd, wrth gwrs, gael cyfle i yrru ar y traciau rasio enwog hyn. Mae Oulton Park yn nes i ni yma ac fe wnâi diwrnod o rasio anrheg pen-blwydd gwerth chweil.

Rhaid i mi beidio âg anghofio crybwyll yr holl anrhegion rydw i wedi'u derbyn gan wahanol ddisgyblion diolchgar hefyd yn rhinwedd fy swydd. Rydw i wedi cael sawl bocs siocled, poteli wisgi, poteli gwin i restru ond ychydig. Yn wir, dydw i ddim yn disgwyl dim byd fel hyn ond mae'n deimlad braf gwybod eich bod yn cael eich gwerthfawrogi.

Tocyn mynediad i Brands Hatch, Ebrill 1985

Bathodyn gefais yn Silverstone,
Medi 1987

Cyngor busnes

Fedra i ddim honni i mi gael unrhyw gyngor ar sut i gychwyn a chynnal y busnes. Gan fy mod wedi bod yn ffermio am rai blynyddoedd, roeddwn yn ymwybodol o beth oedd bod yn hunangyflogedig a bod yn rhaid cael cyfrifydd da. Fel person hunangyflogedig, yr hyn sydd yng nghefn y meddwl yn aml ydi dim gwaith, dim cyflog! Felly, rhaid cadw'n brysur.

Mae'n hanfodol bwysig rhoi popeth i lawr ar bapur, wrth gwrs. Y dyddiau hyn, mae'r rhan fwyaf o bobl yn cadw eu cofnodion busnes ar raglenni cyfrifiadurol mae'n debyg, ond yn fy achos i, papur a phensel ydi hi o hyd. Dwi braidd rhy hir fy nannedd i newid bellach! Mae cael dyddiadur yn hanfodol bwysig i mi achos yn hwnnw, wrth reswm, y bydda i'n cofnodi amseroedd gwersi fy nisgyblion. Mae cael ryw ddrôr neu gwpwrdd yn y tŷ yn bwysig hefyd er mwyn cadw popeth hefo'i gilydd, yn bolisïau yswiriant ceir a manylion cerbydau ac yn y blaen, sy'n ymwneud â'r busnes. Bydd Jean yn rhoi help llaw i mi gyda'r gwaith papur a hi fel arfer fydd yn ateb y ffôn a chymryd negeseuon ar fy rhan.

Pan fydda i'n mynd ynglŷn â fy musnes ac yn rhoi gwersi, byddaf yn trio gwisgo yn reit daclus er mwyn creu argraff broffesiynol. Dydw i ddim yn meddwl ei fod yn beth da os ydi rhywun yn edrych yn flêr wrth ei waith achos mae pobl yn mynd i feddwl mai rhyw fusnes ffwrdd â hi a chwit-chwat sydd gennych.

Rhaid i bob darpar-fusnes fod yn barod i fuddsoddi llawer o arian ar y dechrau er mwyn cael y busnes ar ei draed – neu ar ei olwynion yn fy achos i. Y car oedd y peth drutaf, wrth gwrs, ac wedyn roedd yr addasiadau iddo yn costio. Mae'r pris am osod gyriant deublyg tua £120 heddiw ac yn cymryd ryw dair awr i'w osod sydd felly yn golygu talu am y llafur hefyd. Yn ogystal, rhaid cael drych i'r hyfforddwr.

Rydw i'n lwcus iawn fod y garej leol, sef O. H. Griffith, Y Ffôr, yn gallu gwneud y gwaith addasu i mi.

Er fy mod i wedi cael ceir o wneuthuriad arall yn ystod y blynyddoedd, mae'r Ford Fiesta yn fy mhlesio i yn fawr iawn. Mae'r gwasanaeth yn y Ffôr yn foddhaol dros ben a phe bai rhywbeth yn mynd o'i le, mae'n braf iawn gwybod bod cefnogaeth brofiadol a lleol ar gael. Buaswn i'n awgrymu fod rhywun yn talu beth y mae'n gallu fforddio ar y pryd ac yn sicr, peidiwch â mynd am rywbeth os yw'n afresymol o rad. Y cwbl mae hynny yn ei olygu yw y bydd angen talu mwy yn y pen draw. Mae'r hen ddywediad yn ddigon gwir – pryn rad, pryn ddwywaith. Peidiwch â disgwyl gweld elw'n syth chwaith, oherwydd yn ystod y cyfnod cynnar, ni fydd gennych ddigon wrth gefn i dalu biliau a chostau cudd ac yn y blaen.

Mater pwysig iawn yn fy musnes i ydi cael yswiriant da. Fel hyfforddwr gyrru, mae rhyw greadur yn siŵr o wneud ryw niwed i 'nghar i, boed o'n grafu paent, malu drych adain, byrstio teiar a difetha'r olwyn yn gyfan gwbl ac yn y blaen. Yn ogystal, mae'r potensial yna am ddamwain go iawn. Dydi yswiriant ddim yn rhad y dyddiau hyn, ond mae'n talu i gael un cwbl ddibynadwy. Wyddoch chi ddim pryd y byddwch ei angen!

O ran hysbysebu fy musnes, byddaf yn defnyddio papurau bro lleol ond wrth gwrs, yr hysbyseb gorau ydi gweld enw'r busnes ar y car. Byddaf ar y lôn yn ddyddiol fwy na pheidio a siawns nad oes degau o ddarpar-yrwyr yn fy ngweld – gobeithio, beth bynnag! Gobeithiaf hefyd fod pobl yn gallu fy nghymeradwyo fel hyfforddwr.

Amseru Gwers a Sefyll y Prawf

Hyd Gwers

Awr gan amlaf ydi hyd bob gwers gen i. Weithiau bydd ambell un yn cael dwyawr oherwydd nad yw'n medru ffitio gwersi'n rheolaidd i'w fywyd. Dewisia rhai ddod ddwywaith yr wythnos hefyd.

Cyn y caiff neb yrru car, mae'n rhaid cael trwydded yrru, wrth gwrs. Caiff pobl ifanc ddechrau dysgu yn ddwy ar bymtheg os oes ganddyn nhw drwydded dros dro sy'n para hyd at ddeuddeng mis. Mae trwydded dros dro yn costio £34 ar lein ac yn £43 os yn gwneud cais drwy'r swyddfa bost. Unwaith y byddent yn llwyddo'n eu prawf, cânt wneud cais am drwydded lawn. Cyn 1998, roedd pawb fu'n llwyddiannus yn ei brawf gyrru ac yn gwneud cais am drwydded lawn, yn cael un bapur, ond bellach trwydded ar ffurf cerdyn plastig gyda llun y deilydd arni sydd mewn grym. Mae'n ofynnol newid y llun ar y drwydded hon bob deng mlynedd oherwydd newidiadau ymddangosiadol, er nad oes neb yn fodlon cyfaddef ei fod yn mynd i edrych yn hen!

Pan fyddaf yn gweld disgybl am y tro cyntaf ac yn ei gyfarch, gofynnaf am weld ei drwydded dros dro a'i holi ydi o neu hi wedi cael rhywfaint o brofiad tu ôl y llyw er mwyn gwybod lle i ddechrau arni a meddwl sut i symud ymlaen. Ar ôl y wers gyntaf, byddaf yn trafod ar ddechrau'r wers nesaf yr hyn gyflawnwyd yn y wers flaenorol a beth fyddaf yn ei ddisgwyl ganddyn nhw ar ddiwedd y wers i ddod.

Yn ôl ffigyrau'r Asiantaeth Yrru, mae pob darpar-yrrwr angen un awr ar gyfer pob blwyddyn o'i oed. Mae hynny'n dibynnu ar faint o brofiad a faint o ymarfer maent yn ei gael wrth gwrs, weithiau mwy ac weithiau llai. Mae Canolfan

Profion Gyrru ym Mhwllheli ar Ffordd Caerdydd ac oddi yno y bydd y rhai fyddaf i'n eu dysgu yn cychwyn ar eu prawf gyrru. Nid yw'r ganolfan hon yn un llawn amser ac ar gyfartaledd dim ond am dridiau'r wythnos mae hi ar agor.

Y Prawf Gyrru

Mae dros bedwar ugain o flynyddoedd bellach ers i'r prawf gyrru ddod i rym ar 1af Mehefin, 1935. Fel ag y mae heddiw, roedd yn orfodol i bawb lwyddo'n y prawf cyn cael yr hawl i yrru ar ffordd gyhoeddus. Cyn dyddiau'r prawf, roedd 2.7 miliwn o yrwyr ar ffyrdd gwledydd Prydain ac roedd dros saith mil o bobl yn flynyddol yn cael eu lladd ar ffyrdd y wlad. Y dyddiau hyn, mae rhagor na saith miliwn a'r hugain o yrwyr ar ein ffyrdd ac yn ôl yr ystadegau am 2014 roedd y ffigwr am ddamweiniau angeuol i lawr i ychydig llai na deunaw y cant. Cwestiwn naturiol, mae'n siŵr, ydi pwy sy'n cael y clod fod nifer y damweiniau yn gostwng? Wel, mae'r clod i'w rannu dybiwn i.

Mae gwneuthurwyr ceir heddiw yn gweithio'n galed i sicrhau pethau fel gwell system brecio, gwell teiars, y caban wedi cael ei gryfhau yn y llefydd mwyaf angenrheidiol ac yn y blaen. Wrth reswm, mae ffyrdd y wlad wedi gwella hefyd ac mae'r heddlu hwythau yn gwneud eu rhan – mater arall ydi hoffter rhywun o weld y fan 'Arrive Alive'! Diolch amdani ddweda i, ond pawb â'i deimlad yn de! Wrth yrru ar hyd ac ar led y wlad, mae cyflymder traffig wedi arafu ond mae rhai sydd bob amser yn herio'r drefn heb ystyried neb arall. Rhaid cofio nad ni sydd piau'r ffordd – rydym yn gorfod ei rhannu a helpu'r naill a'r llall.

Ym Mhrydain bellach, bydd oddeutu 1.6 miliwn yn cymryd y prawf ymarferol yn flynyddol gyda 43% yn llwyddo. Tua 56% sy'n llwyddo'n y prawf theori. Daeth y drwydded yrru i rym cyn belled yn ôl â 1903 ond nid oedd ffasiwn beth â phrawf gyrru yn bodoli. Gwnaed y cam cyntaf tuag at un gyda chyflwyno prawf i yrwyr gydag anfantais corfforol dan Ddeddf Traffig 1930. Cyflwynwyd deddfwriaeth ar gyfer profi gorfodol i bob gyrrwr newydd yn 1934, ond ni ddaeth i rym hyd fis Mehefin 1935. O hynny ymlaen, roedd yn rhaid i bawb oedd wedi neu am ddysgu gyrru ar ôl 1af Ebrill, 1934 fod wedi llwyddo'n y prawf. Gohiriwyd y prawf gyrru yn ystod yr Ail Ryfel Byd ac eto'n ystod argyfwng y Suez yn 1956, er mwyn gadael i'r arholwyr helpu i weinyddu dogni petrol.

Pan ddechreuais hyfforddi yn 1981, roedd hyd y prawf yn ugain munud. Cododd i hanner awr ar ôl cyfnod ac erbyn hyn mae'n ddeugain munud. Ers talwm, roedd yr arholwyr yn filitaraidd iawn ond erbyn hyn maent yn llawer iawn mwy cartrefol. Mae'r ffordd o hyfforddi wedi newid ychydig dros y blynyddoedd yn ogystal. Mae hyfforddwyr yn gallu mynychu cyrsiau arbennig i geisio gwella eu safon o ddysgu ac i sicrhau, wrth gwrs, eu bod yn symud hefo'r oes. Aeth tri ohonom sy'n hyfforddi yn lleol ar gwrs undydd i Wigan ddechrau 2014 a chael cyfle i drafod gwahanol agweddau ar ddysgu, sy'n dda o beth.

Erbyn heddiw mae'r prawf gyrru ei hun wedi mynd yn eitem ddigon drud. Mae'r prawf theori yn costio tair punt a'r hugain gyda'r prawf ymarferol yn chwe deg a dwy o bunnoedd. Chaiff darpar-yrrwr ddim cymryd y prawf ymarferol chwaith nes y bydd wedi llwyddo yn y prawf theori. Unwaith y bydd wedi llwyddo'n y prawf theori, rhaid sefyll y prawf gyrru o fewn dwy flynedd neu bydd angen ailsefyll y prawf theori.

Cyflwynwyd y profion theori sy'n para hyd at awr ond tri munud, i ddarpar-yrwyr yn ôl ym mis Gorffennaf 1996 fel prawf ysgrifenedig yn wreiddiol, cyn ei uwchraddio i brawf cyfrifiadurol yn 2000. Mae'r prawf hwn yn ei gwneud yn ofynnol i ateb hanner cant o gwestiynau a sicrhau fod o leiaf pedwar deg a phedwar ohonynt yn gywir er mwyn llwyddo. Hefyd, mae adran yn y prawf theori yn profi ydi'r ymgeisydd yn gallu adnabod peryglon drwy wylio ffilm fer a defnyddio'r llygoden gyfrifiadurol wrth wynebu perygl neu fel mae anffawd ar fin digwydd.

Newidiadau a Gwelliannau

O bryd i'w gilydd bydd yr Adran Drafnidiaeth o dan nawdd
y Llywodraeth yn trin a thrafod newidiadau a gwelliannau ar
gyfer darpar-yrwyr. Mae trafodaethau wedi bod ar y gweill i
godi'r oedran gyrru i ddeunaw mewn ymgais i leihau
damweiniau'n ymwneud â gyrwyr ifanc. Hefyd gwyntyllwyd
y syniad o osod math o gyrffiw rhwng un ar ddeg yr hwyr a
phump o'r gloch y bore ar yrwyr ifanc oni bai fod person
dros ddeg a'r hugain yn y car. Hyd yma, nid yw'r
trafodaethau hyn wedi arwain at unrhyw ddeddfwriaeth yn
ymwneud â gyrwyr ifanc.

Rydw i o'r farn na fuasai newid oedran un ai i lawr i un
a'r bymtheg neu godi i ddeunaw yn gwneud dim
gwahaniaeth. Yr hyn sy'n bwysig ydi safon yr hyfforddiant a
cheisio darbwyllo pa mor bwysig yw bod yn ddiogel ar y
ffordd a bod gan bob un ohonom gyfrifoldeb tuag at y naill
a'r llall. Byddaf yn atgoffa fy nisgyblion i gyd ar ôl iddynt
lwyddo'n eu prawf ymarferol mai dau air pwysig i'w cadw'n
y cof ydi DISGYBLAETH a GWYBODAETH.

Mae'r Asiantaeth Profion Gyrru yn darogan newidiadau
eraill megis dileu y troi yn y ffordd a bagio rownd cornel ac,
mewn amser, profi dawn i ddefnyddio'r 'Sat Nav'
bondigrybwyll. Mae'r Asiantaeth Yrru yn cynnal treialon
mewn ambell Ganolfan Brofi hwnt ac yma'n y wlad. Fel
llawer o benderfyniadau sy'n deillio o goridorau San Steffan,
mae'n cymryd amser iddyn nhw ddod i rym. Dydw i ddim
yn siŵr ydw i'n cytuno â'r busnes 'Sat Nav' yma, yn enwedig
o wybod am yr holl drafferthion mae'n gallu achosi yng
nghefn gwlad Cymru gyda lorïau mawr yn mynd i wasgfa ar
ffyrdd cul. Yn fy marn i, mae person yn llawer mwy abl i
wneud y mwyafrif o benderfyniadau na rhyw loeren yn y
gofod!

O ran gweinyddu'r prawf ei hun, dwi o'r farn ei fod yn un teg a chytbwys erbyn hyn. Dydw i ddim yn credu yr hoffwn weld unrhyw newidiadau pellach yn digwydd i'r prawf sylfaenol. Mae hyfforddiant estynedig ar gael yn benodol ar gyfer y gyrrwr sydd am fireinio ei sgiliau gyrru ymhellch fel rydw i'n cyfeirio ato nesaf.

Hyfforddiant Gyrru Ychwanegol

Prawf gyda hyfforddwr cymwys ydi hwn i fagu hyder a'r
sgiliau angenrheidiol i yrru ar ffyrdd deuol, traffyrdd, mewn
dinas ac yn y nos. Cyfeirir ato gan yr asiantaeth yrru fel y
'Pass Plus'. Mae'r cwrs yn cynnig i ymgeisydd yrru car am
tua phum awr neu rannu'r gyrru gyda pherson arall sy'n
awyddus i wneud yr un prawf a hynny am tua wyth i naw
awr. Rydw i'n gweld mantais fawr i'r cwrs hwn yn enwedig ar
gyfer pobl sy'n gyrru tipyn ar hyd a lled y wlad yma. Nid
pawb sy'n ddigon ffodus i gael gwaith ar garreg y drws y
dyddiau hyn ac mae sawl un yn gorfod gyrru milltiroedd bob
diwrnod i gyrraedd y man gwaith. Meddyliwch, fel
enghraifft, am orfod teithio i drefi fel Caer o Fodelwyddan
neu Fangor yn ddyddiol dyweder, a wynebu traffig yr A55.

Rydw i wedi cynnal y math hwn o gwrs gyrru ers tua
deng mlynedd bellach. Byddaf yn mynd gyda gyrrwr ar hyd
yr A55 i Gaer weithiau, ac unioni wedyn am Lerpwl a
Manceinion, efallai. Byddwn yn dychwelyd drwy Landegla,
y Bala, Trawsfynydd ac yn ôl i Bwllheli. Y peth cyntaf a
ddywed y rhan fwyaf sy'n gwneud y cwrs yw eu bod wedi dal
y 'Motorway Bug' a'u bod yn barod i yrru i unrhyw le
wedyn!

Tueddaf i wneud yr hyfforddiant pellach hwn mewn
cymalau o ryw awr a chwarter ar y tro gan aros i gael paned
rhyw ddwywaith a chael ambell i sgwrs. Mae torri siwrnai
hefyd yn atgyfnerthu'r arferiad da o gymryd saib wrth yrru
achos mae amryw o ddamweiniau yn digwydd oherwydd
fod gyrrwr wedi blino ac o ganlyniad, ddim yn canolbwyntio
fel y dylai, a hyd yn oed yn dechrau pendwmpian – sy'n beth
hynod o beryglus os ydych tu ôl i lyw car!

Nid oes prawf fel y cyfryw ar ddiwedd yr hyfforddiant
hwn ond fe fyddaf yn llenwi ffurflen ar y diwedd yn dehongli

sut mae'r gyrru wedi gwella. Byddwn ill dau'n llofnodi'r ffurflen ac yna yn ei gyrru i'r Asiantaeth Yrru a hwythau'n eu tro yn anfon tystysgrif llwyddiant i'r ymgeisydd. Mewn gwirionedd, mae'r math hwn o hyfforddiant yn cymharu'n agos iawn â phrawf gyrru uwchraddol – yr 'Advanced Driving Test'.

Unwaith y bydd gyrrwr wedi derbyn ei dystysgrif, bydd rhai cwmnïau yswiriant yn cynnig gostyngiad i unigolion. Gellir cael gostyngiad hefyd os yw car wedi'i ffitio â bocs du pwrpasol sy'n cofnodi cyflymder car ac yn y blaen – yr un egwyddor â'r bocs du mewn awyrennau. Mae hyn yn syniad da ar gyfer gyrwyr ifanc oherwydd fod yswiriant ar eu cyfer yn medru bod yn ddrud iawn.

Cadw Golwg ar yr Hyfforddwr

Fel gyda sawl swydd arall y dyddiau hyn, mae'r hyfforddwr gyrru bach di-nod o dan wyliadwraeth y Brawd Mawr yn ogystal! Bob rhyw dair i bedair mlynedd, mae hyfforddwyr drwy'r wlad yn cael yr hyn sy'n cael ei alw yn Brawf Safonol. Yn ystod y prawf hwn bydd Uwcharholwr yn eistedd yn y sedd gefn ac yn edrych a gwrando ar yr hyfforddwr yn gwneud ei waith. Cawn rhyw bythefnos o rybudd a bydd y prawf yn para rhyw dri chwarter awr ac ar y diwedd bydd yr arholwr a'r hyfforddwr yn mynd i'r Swyddfa Profion Gyrru i drafod sut aeth y wers rhagddi a bydd cyfle i ofyn ychydig o gwestiynau. Mae cyfundrefn raddio i'w chael ac ers wyth mlynedd bellach rydw i wedi llwyddo i gael y radd uchaf, diolch am hynny.

Yr Iechyd yn Dioddef

Wrth reswm, mae natur fy ngwaith yn golygu fy mod i'n segur am ran helaeth o'r diwrnod gan mai eistedd yn y car fydda i. O ganlyniad, roeddwn wedi magu tipyn o bwysau yn ystod blynyddoedd cyntaf y gwersi gyrru. Doedd y ffaith fod gen i dipyn o ddant melys ddim yn gymorth i bwysau rhywun chwaith!

Pan oeddwn tua chwe deg un oed, roedd aelodau o'r teulu a rhai o fy ffrindiau yn swnian arnaf i fynd am brawf meddygol. Mae'n amlwg eu bod nhw'n pryderu amdanaf a finnau'n meddwl 'mod i'n hollol iach. Ta waeth, dyma Jean yn gwneud apwyntiad i mi a ffwrdd â fi'n ddigon cyndyn ar y dydd Llun canlynol i weld y meddyg. Cefais sioc o'r mwyaf pan ddywedwyd wrthyf fod fy mhwysau gwaed yn 222 dros 150 oedd yn llawer iawn rhy uchel ac yn hynod beryglus i fy iechyd. Wel, sôn am ddychryn. Bu'n rhaid dychwelyd i'r feddygfa ar y dydd Mercher a dyma'r nyrs yn gosod rhyw wifrau dirifedi ar fy mrest i a finnau'n gofyn iddi beidio rhoi y trydan ymlaen gan 'mod i'n dyfalu mai rhywbeth go debyg oedd eistedd mewn cadair drydanol yn disgwyl y sioc farwol! Doeddwn i erioed wedi gweld y ffasiwn beth o'r blaen.

Bu'n rhaid i mi wneud dipyn o newidiadau yn fy ffordd o fyw a chadw at ddeiet arbennig i sicrhau fy mod i'n colli pwysau a chael y pwysedd gwaed i lawr. Roedd yn ofynnol i mi ymweld â'r nyrs yn gyson am gyfnod i wneud yn siŵr fod pethau'n gwella. Mae fy niolch yn fawr iawn i'r meddygon a'r staff ym Meddygfa Treflan am y gofal a'r cyngor a gefais yr adeg honno.

Heddiw rydw i'n siŵr o fod yn llawer iachach nag y bûm ers tro byd ac rydw i'n dal i gadw golwg ar yr hyn rydw i'n ei fwyta ac yn gofalu fy mod i'n mynd i gerdded rhywfaint bob un diwrnod. Mae'r hen ddihareb yn sicr yn wir – baich mwy na beichiau'r byd, yw baich dyn heb iechyd.

Tips Thomas Owen!

Fel y dywedodd Hywel Gwynfryn, beth amser yn ôl bellach:

'Gwyliwch y car sydd tu ôl i'r car o'ch blaen chi!'

Os bu cyngor neu ddywediad doeth erioed mae hwn yn un yn sicr. Mae cael ryw ddywediad bachog yn help i gofio amryw bethau a byddaf yn defnyddio rhai fy hun wrth roi hyfforddiant i helpu'r darpar-yrrwr pan fydd ymhen amser yn teithio y tu ôl i'r llyw ar ei ben ei hun. Wedi'r cyfan, mae mwy i yrru na dim ond llwyddo'n y prawf gyrru. Rhaid i rywun fod ar ei wyliadwraeth yn gyson a gyrru'n amddiffynnol. Fy hoff eiriau i ydi – Edrych, Sylwi a Deall. Rydw i'n hoff iawn o bwysleisio na ddylid anghofio'r gorffennol sef edrych yn y drych, a hynny'n aml, yn enwedig pan fydd rhywun yn teithio ar ffyrdd cyflym fel traffyrdd neu ffyrdd deuol a hefyd ar ffyrdd newydd neu rai sy'n ddieithr i chi.

Yn rhyfedd iawn, yr haf diwethaf daeth bachgen ataf a gofyn a oeddwn yn ei gofio. Dyma edrych arno a dweud 'Joseff'. Wir i chi, fo oedd o hefyd a dywedodd ei fod wedi bod yn byw yn America ers ugain mlynedd ac yn Awstralia ers pymtheng mlynedd. Wel, sôn am ysgwyd llaw a mynd i gael sgwrs dros banad. Dywedodd ei fod yn cofio llawer o'r dywediadau roeddwn yn eu defnyddio. Dyma i chi enghreifftiau ohonynt ond dwi'n ymddiheuro eu bod yn yr iaith fain!

Wrth fynd i lawr allt ac i fod o gymorth i'r injan ddal y car yn ôl:

'The steeper the hill, the slower the speed.
The slower the speed, the lower the gear.'

Wrth yrru yn Llŷn, mae digonedd o droadau ac felly mae angen bod yn barod rhag ofn cael gwrthdrawiad:

'The less you see, the less your speed'.

Wrth gyrraedd cyffordd rhaid meddwl:

'If its clear, carry on – if it's not, hang on!'

Dyma i chi rai eraill:

'The early move is the wise move'.
'Assess – don't guess'.
'Failing to plan is planning to fail'.
'The less space you have, the slower you need to go'.
'Wipers on – lights on'.
'Be observant – keep low until you know'.
'Early vision – Early decision'.

Dyma'i chi un Cymraeg fydda i'n ddefnyddio os bydd ci'n mynd am dro ar ochr y lôn:

'Gwylia rhag i Bonzo droi yn Gonzo!'

A dyma un sy'n ddwyieithog:

'Alcohol a chyffuriau – it's a no go area!'

Rydw i wedi crybwyll eisioes fy mod i o hyd yn pwysleisio y dair berf – Edrych, Sylwi a Deall. Byddaf yn gyson yn dweud fod arwyddion yn siarad hefo ni a'i bod yn bwysig ein bod i gyd yn sylwi. Does wahaniaeth ym mha iaith mae rhywun yn gwneud hyn – yr un ydi'r nod, sef eich diogelwch eich hun a'r rheini o'ch cwmpas. Pam ceisio ennill deng eiliad rŵan a pheryglu neu golli eich bywyd hyd yn oed, ynde!

Y Tynnwr Coes

Dant melys

Rydw i wrth fy modd yn bwyta pethau melys ond fy mod i'n fwy gofalus y dyddiau hyn. Fedra i ddim maddau i siocled na chacen na bisged. Ychydig wedi i Jean a fi briodi, roeddwn allan yn y caeau yn ffermio pan alwodd dwy fodryb i weld y wraig newydd. Nid oedd Jean wedi'u cyfarfod o'r blaen ond roedd hi wedi fy nghlywed i'n sôn amdanyn nhw. Aeth Jean ati i wneud te iddyn nhw gan osod y bwrdd yn daclus i greu argraff ffafriol ar y ddwy sidêt. Gwyddai fod ganddi un o'r bocsys rheini o 'Chocolate Rolls' yn y cwpwrdd a dyma eu rhoi ar blât ar ganol y bwrdd ymysg pethau eraill. Dyma ymestyn ati i fwyta ac wedi cael brechdan neu ddwy, dyma un fodryb, oedd yn fwy o gês na'r llall diolch am hynny, yn gafael mewn 'Chocolate Roll' ac yn mynd ati i'w dinoethi o'r papur euraidd. Dychmygwch yr olwg ar ei wyneb pan ganfu mai darn o foronen oedd y tu mewn i'r papur! Wel, wyddai Jean ddim beth i'w ddweud. Sôn am embaras! Y fi oedd wedi methu maddau i'r cacennau bach ac wedi'u sglaffio bob un a rhoi moron yn eu lle gan feddwl mai dim ond Jean a fi fyddai'n eu cael. Diolch i'r drefn, fe welodd fy modryb yr ochor ddigri i'r peth.

Bocs o siocled

Ar achlysur un pen-blwydd i Jean – eto, ychydig ar ôl i ni briodi – roeddwn wedi prynu clamp o focs o siocled iddi. Mae Jean yn dal i gofio'r llun ar y caead – llun bwthyn to gwellt efo gardd daclus o'i flaen a rhosod yn dringo fyny o boptu'r drws. Gan ei bod hi'n llawer mwy disgybledig na fi,

roedd wedi bwyta ryw bedwar siocled dros gyfnod o amser.
Dyma gydio yn y bocs un gyda'r nos gan feddwl cael ryw
damaid bach blasus a wir i chi, doedd dim un ar ôl ynddo
dim ond ambell bapur ffoil gwag! Ia, dyna chi – y fi eto.
Roeddwn wedi sglaffio'r cwbwl. Mae'n rhaid ei bod wedi
maddau i mi gan ein bod yn dal yn ŵr a gwraig!

Dawnswyr Llŷn yn yr Ŵyl Gerdd Dant, Tachwedd 1988

Parti Dawnswyr Llŷn yn Rheithordy Boduan, Ionawr 1991

Hen griw Dawnsio Gwerin, Neuadd Idris,
(Tŷ Siamas heddiw), Hydref 1992

Yr hen griw eto

Dawns werin yr hen griw gwreiddiol yn Nolgellau, Hydref 1992

Buddug, Iolo a Jean, Hydref 1992
yn nawns werin yr hen griw yn Nolgellau

Dolgellau

Neuadd Idris, Dolgellau

Diddordebau amrywiol

Dawnsio Gwerin

Rydw i wrth fy modd gyda Dawnsio Gwerin. Dechreuais fynychu dawnsfeydd yn Nolgellau tua 1963 ac ni wyddwn fawr ddim amdanyn nhw cyn hynny. Rhyw fyrraeth llwyr oedd y tro cyntaf i mi fynychu dawns werin. Roedd fy ffrindiau wedi mynd i rywle y nos Sadwrn honno ond roedd yn rhaid i mi aros gartref i wneud y godro. Wedi i mi orffen, dyma fynd am Bwllheli ond oherwydd nad oedd fawr o neb yno, euthum ymlaen i Borthmadog. Tawel oedd hi yno hefyd a doedd dim amdani ond dilyn fy nhrwyn am Drawsfynydd a chyrraedd Dolgellau yn y man. Yr adeg honno, roedd Traws a Dolgellau yn bell iawn. Parciais y car yn y maes parcio wedi mynd dros y bont a chlywn fiwsig a'm hudodd i'r 'Drill Hall', fel y'i gelwid hi y dyddiau hynny. Euthum i mewn o lech i lwyn, gan adnabod fawr o neb. Ymhen sbel daeth dau o feibion ffermydd o Drawsfynydd ataf a gofyn os roeddwn wedi 'emigratio'! Roedd deugain milltir o Lŷn iddyn nhw hefyd yn dipyn o daith i ddod i ddawns werin. Beth bynnag am hynny, cefais flas go iawn ar y noson a doedd dim diwedd ar fy nghrwydro wedyn.

Daeth ffrind i mi o ddyddiau Glynllifon i weithio ar fferm yn y Ffôr yn y man. Penderfynodd yntau y buasai yn dod gyda mi i'r Dawnsio Gwerin y nos Sadwrn ganlynol ac felly buodd hi am wythnosau lawer. Un nos Sadwrn dyma'r ddau ohonom yn llygadu pâr o efeilliaid a dechrau sgwrsio. Pan ddaeth y nos Sadwrn ganlynol, dim ond un o'r efeilliaid oedd yno ac roedd Alun a fi mewn penbleth pa efaill oedd hi gan fod y ddwy yn union yr un ffunud! Y galwr y noson honno oedd y diweddar Iolo ap Eurfyl a galwodd 'Ladies

Choice' a dacw'r ferch yn troi tuag ataf fi a dod â'r picil i ben! Tybed beth fu hanes yr efeilliaid hynny?

Byddai pedwar ohonom yn mynychu dawnsfeydd gwerin yn gyson iawn yn ystod yr wyth degau a'r naw degau gan grwydro i wahanol leoedd megis Dolgellau, y Bont-ddu, Machynlleth, Llanfaircaereinion, Efailnewydd, Mynytho, ac unwaith i Amlwch yn sir Fôn.

Anffawd Amlwch

Bu'r noson yn Amlwch yn un i'w chofio am fwy nac un rheswm. Ar derfyn noson hynod o fywiog dyma feddwl ei throi hi am adref a hithau erbyn hyn wedi mynd yn hwyr. Cawsom gyfarwyddiadau gan sawl un ar y ffordd gyflymaf i gyrraedd Pont Menai. Roedd un am ein hanfon i gyfeiriad y Fali a'r A5 ond anghytunai un arall. Beth bynnag, dyma gychwyn arni gan drio cofio'r cyfarwyddiadau. Dyma droi y ffordd yma a throi y ffordd arall a wir i chi, roeddem yn dychwelyd at arwydd Llyn Alaw bob gafael a dim golwg o Bont Menai. Doedd dim amdani erbyn hyn ond holi am gyfarwyddiadau ond – sut oedd gwneud hynny a hithau'n tynnu at hanner awr wedi hanner nos? Roedd pobman fel y fagddu ac edrychai fel pe bai pawb wedi mynd i glwydo.

Ond ymhen ychydig, dyma sylwi ar olau bychan mewn ffenestr bwthyn. Arhosais wrth y giât ac yna mentro drwyddi a phwyso'r gloch wrth y drws. Dyma ganu'r gloch a dim yn digwydd. Canu wedyn a dyma lais hefo tinc ffyrnig braidd oddi fewn yn holi yn Saesneg pwy oedd yna. Eglurais yn ddigon carbwl yn fy Saesneg gorau nad oeddwn yn disgwyl iddo agor i mi ond yr hoffwn gael cyfarwyddiadau i gyrraedd Pont Menai gan ein bod ar goll. Holodd y dyn wedyn beth roeddem yn ei wneud allan mor hwyr y nos ac eglurais ein bod wedi bod yn Amlwch mewn dawns werin. Wel chwarae teg i'r dyn fe roddodd gyfarwyddiadau cwbwl ddealladwy i mi ac fel roeddwn yn diolch a ffarwelio, dyma fo'n agor y drws a gwenu ac ysgwyd llaw!

Roeddem yn falch iawn o gyrraedd adref y noson honno coeliwch chi fi, a dydw i byth wedi dychwelyd i weld Llyn Alaw yng ngolau dydd chwaith. Gair o gyngor i chi felly – os nad ydych yn adnabod ffyrdd sir Fôn yn eithaf da, da chi ewch yno yng ngolau dydd!

Dydw i ddim yn amau fod dawnsio gwerin yn ffordd wych o golli pwysau a chadw rhywun yn heini. Byddwn yn chwys diferol ar derfyn ambell dwmpath dawns! Fy hoff ddawns, ac un Jean hefyd o ran hynny, ydi dawns i bedwar cwpwl o'r enw 'La Russe'.

Ar un adeg bûm yn helpu aelodau o Glwb Ffermwyr Ieuainc Godre'r Eifl i ddysgu dawnsio gwerin ar gyfer cystadleuaeth yn y Rali flynyddol. I ddweud y gwir, doedd gen i fawr o ddewis gan fod y genod, Glesni ac Eleri yn aelodau o'r parti dawnsio.

Dawns Werin yn Gwythrian, Aberdaron, Awst 1996

Noson Dawns Werin Cefn Uchaf, Cwm Nantcol, Mehefin 1992

Codi Dyrnau

Un arall o fy niddordebau ydi bocsio – na, nid cymryd rhan, ond yn hytrach gwylio y paffio a'r dyrnu. Byddwn yn dilyn y gamp am flynyddoedd pan oeddwn yn fengach ac yn darllen y 'Boxing News' yn ddeddfol bob nos Wener. Yn wir, hwn oedd fy ail Feibl! Awn i Lerpwl rhyw deirgwaith y flwyddyn ar ôl gorffen godro yn Gwnhingar i weld ambell un o'r gornestau bocsio.

Rhai o'r enwau mawr yn y dyddiau hynny oedd Joe Erskine, Dick Richardson, Henry Cooper, John Conteh, Wally Swift, Harry Scott, Alan Ruddin ac o Gymru, Brian Curvis, Dai Dower, Denis Pleace, Lennie 'The Lion' Williams ac wrth gwrs, Howard Winstone, oedd yn Bencampwr Pwysau Plu y Byd. Mi fûm yng Nghorwen yn gwylio Howard Winstone yn amddiffyn ei deitl Pwysau Plu y Byd ac roeddwn yn un o wyth llond bŷs o gefnogwyr swnllyd a deithiodd yno. Winstone enillodd yr ornest yn y seithfed rownd yn erbyn ei wrthwynebydd Billy the Kid Davis o Lundain. Doedd o erioed wedi colli gornest a Howard Winstone oedd yr unig un a'i curodd. Roedd yno hen guro dwylo a gweiddi. Noson dda iawn!

Cyfarfod un o fy arwyr

Ar fis mêl Jean a fi, daethom lawr i Glasgow ar ôl bod yn aros yn Inverness. Aethom ymlaen i Hamilton ac aros mewn gwesty. Wedi swper y noson honno, cawsom sgwrs gyda'r perchennog a dyma grybwyll enw'r bocsiwr Walter McGowan. Dywedodd yntau mai yn yr union westy hwnnw yr arferai Walter fyw ac iddo brynu'r gwesty gan ei dad a'i fam! Gofynnais iddo ble'r oedd Walter McGowan yn byw

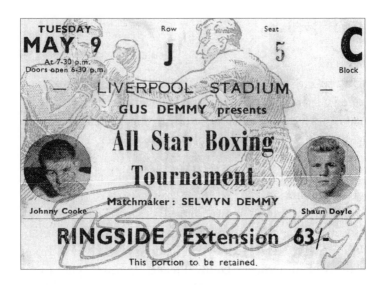

Tocyn mynediad i ornest bocsio yn Lerpwl

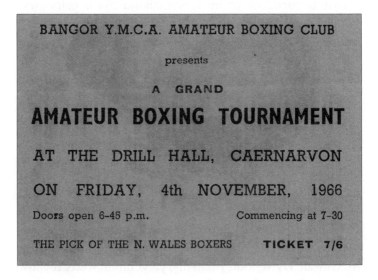

Tocyn i Dwrnament Bocsio Amatur yng Nghaernarfon, Tachwedd 1966

Tocyn i Dwrnament Bocsio yn Stadiwm Lerpwl

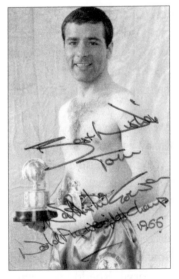

Y llun roddodd Walter McGowan
i mi wedi ei arwyddo'n bersonol

Lenny Williams, Maesteg

rŵan a chael gwybod mai dim ond ryw bum milltir i fyny'r ffordd roedd o. Aethom i chwilio am y lle drannoeth a dod ar draws y plasty mawr yma gyda mynedfa debyg iawn i Glynllifon ond ei fod yng nghanol coed. Roedd arwydd mawr ar y chwith i'r giât lydan ddu :

VISITORS WELCOME,
BUT ONLY BY APPOINTMENT

ac ar yr ochr arall roedd y rhybudd :

BEWARE GUARD DOGS ON SITE

Wedi pendroni am ychydig, dyma fi'n dweud wrth Jean fy mod am fynd i lawr y dreif. Roedd coed tal bob ochr i'r rhodfa am ryw chwarter milltir, ond doedd dim golwg o'r cŵn, diolch byth. Arhosais o flaen y tŷ anferth ond doedd dim golwg o'r un enaid byw. Euthum allan o'r car yn araf bach ac at y drws a gafael yn y ddolen fawr haearn. Rhois ryw dair cnoc a chlywn sŵn mawr gwag oddi fewn. Agorwyd y drws gan ddyn bychan sef tad Walter. Thomas McGowan oedd ei enw ac roedd yntau'n focsiwr yn ei ddydd yn galw'i hun yn Joe Gans. Edrychodd arnaf gan ofyn braidd yn siort,
   'Yes . . . ?'
   'M..m..m..,' mwmiais heb gael ryw gychwyn da iawn arni! Penderfynais ddweud y gwir ac egluro fy mod yn ffan mawr o'i fab. Wel, dechreuodd y dyn bach wenu a gofyn i mi pwy oedd y ferch ifanc yn y car. Atebais innau mai newydd briodi oedden ni ar y dydd Sadwrn cynt ac wedi dod i'r Alban ar ein mis mêl.
   'Bring the good lady in,' meddai ac i mewn â ni i ystafell fawr a chyfarfod Walter McGowan ei hun. Y fo oedd pencampwr Pwysau Plu y Byd ar y pryd. Roedd yn focsiwr medrus a chwim iawn ar ei draed ac yn gwybod yn iawn sut

i ddefnyddio'r sgwâr bocsio. Y fo oedd y bocsiwr Albanaidd cyntaf i gael ei anrhydeddu yn rhestr pen-blwydd y Frenhines yn 1966 ac fe'i anfarwolwyd yn Oriel Chwaraeon Anfarwolion yr Alban yn 2002, ochr yn ochr â bocswyr enwog fel Ken Buchanan.

Ond i ddychwelyd at hanes ei gyfarfod, cawsom groeso mawr yno. Cawsom ein cyflwyno i'w fam hefyd oedd mewn gwely ym mhen draw'r ystafell ac a oedd yn bur wael ar y pryd. Gofynnodd Joe Gans i'r forwyn ddod â the drwodd i ni. Cawsom fara menyn wedi'i dorri'n denau, te mewn cwpan tsieina a thipyn o fisgedi blasus tu hwnt. Cawsom fynd i weld yr ystafell ymarfer ac ar y muriau roedd dwsinau o luniau bocswyr presennol a'r gorffennol. Ar ganol yr ystafell roedd y sgwâr a phob math o gelfi ac offer i gryfhau y corff. Rhoddodd Walter McGowan ei lun wedi'i arwyddo i mi ac rydw i wedi'i gadw'n ofalus. Rhaid dweud i ni gael croeso bendigedig yno a theimlem fel hen ffrindiau wrth ymadael.

Cawsom lythyr ymhen ryw fis gan Walter McGowan yn dweud fod ei fam wedi colli'r dydd ac eto'n diolch i ni am alw. Anfonasom lythyr o gydymdeimlad iddo fo a'i dad. Wedi ymddeol, symudodd Walter McGowan a'i deulu i fyw i Sbaen.

Bocswyr eraill

Ymhlith y bocswyr eraill y bûm yn eu gwylio yn y sgwâr oedd Lennie Williams neu Lennie 'The Lion' Williams o Faesteg. Bocsiwr Pwysau Plu penigamp oedd Lennie ond ei fod yn byw yng nghysgod cyfoeswr o Gymro amlwg iawn, sef Howard Winstone. Rhoddodd Lennie y gorau i focsio pan oedd yn ddim ond dwy a'r hugain oed ond roedd ganddo record anhygoel dan ei felt o dair a'r ddeg a'r hugain buddugoliaeth a dim ond teirgwaith y cafodd ei orchfygu. Yn wir o'i fuddugoliaethau, roedd pump a'r hugain ohonynt o ganlyniad i lorio ei wrthwynebwyr! Ia wir, tipyn o foi hefo'i ddyrnau coeliwch chi fi!

Yn rhyfedd iawn fe ddois i gysylltiad â Howard Winstone yn 1965 mewn Dawns Werin o bob man a doeddwn i ddim yn ymwybodol ei fod yn mynd i fod yn bresennol. Wedi mynd i dwmpath dawns dan nawdd Ffederasiwn y Ffermwyr Ieuainc yn Neuadd Idris yn Nolgellau roeddwn i a'r noson honno roedd cystadleuaeth Morwyn Laeth Meirionnydd yn cael ei chynnal. Pwy oedd un o'r beirniaid ond Howard Winstone ei hun! Ar y pryd, y fo oedd pencampwr Pwysau Plu y Byd. Fedrwn i ddim credu fy llygaid fy mod i yn ei gwmni mewn neuadd yn Nolgellau. Mae gen i lun o holl forynion glân Meirionnydd yn y gystadleuaeth y noson honno ond nid o'u herwydd hwy y cefais i o, ond er mwyn cael llun o Howard Winstone yn eistedd yn eu canol!

Noson dewis Morwyn Laeth Meirionnydd
gyda Howard Winstone yn y rhes flaen, ail o'r dde, yn gyd-feirniad

Bûm yn gwylio gornest gyda Dennis Pleace o Tiger Bay unwaith. Bocsiwr Pwysau Canol oedd o. Roedd o'n dod o deulu o focswyr a'i frawd hynaf oedd Roger Pleace a enillodd Fedal Efydd yn Chwaraeon y Gymanwlad a gynhaliwyd yng Nghaerdydd yn 1958.

DENNIS PLEACE
CARDIFF
Manager: BENNY JACOBS Photo: TOMMY REES COPYRIGHT

Dennis Pleace, Caerdydd

Teithiwn i Stadiwm Lerpwl hefyd i wylio gornestau megis un rhwng Johnny Cooke o Lerpwl a Shaun Doyle o Barnsley. Arferid cael gornestau yn y 'Drill Hall' yng Nghaernarfon yn ogystal ac rydw i wedi cadw'r tocynnau mynediad i amryw o'r gornestau a welais.

Rydw i'n parhau â'r diddordeb mewn bocsio. Mae ffilm wedi'i rhyddhau ers mis Tachwedd 2015 yn ymwneud â'r bocsiwr Cymreig, Joe Calzaghe. Cafodd Joe yrfa lwyddiannus iawn yn ystod degawd gyntaf y ganrif hon. Enw'r ffilm ydi 'Mr Calzaghe' a phan ddaw hi i sinema agos, mi fyddaf yn sicr yn mynd i'w gweld.

Yn Nhachwedd 2015 hefyd fe wnes yn siŵr 'mod i'n gwylio yr ornest ar fy ffôn clyfar rhwng y Sais Tyson Fury a Wladimir Klitschko o'r Wcráin. Ystyrir Klitschko y bocsiwr pwysau trwm gorau'n y byd a chredid na fyddai gan Tyson Fury obaith yn ei erbyn. Ond, yn wir i chi, Fury enillodd yr ornest gan sicrhau mai fo ydi Pencampwr Pwysau Trwm y Byd ar hyn o bryd. Efallai nad ydw i'n cytuno â llawer o'r hyn ddaw allan o geg Fury, ond mae o'n sicr yn chwip o focsiwr!

Y Clwb Ffermwyr Ieuainc

Am wn i nad ydi pob ffermwr wedi mynychu Clwb
Ffermwyr Ieuainc – mudiad gwerth chweil i ieuenctid cefn
gwlad. I Glwb Pistyll yr es i a hynny yn 1961. Dydi'r clwb
hwn ddim yn bodoli bellach. Tua 1962-63, symudwyd
lleoliad y clwb i Ysgol Pentreuchaf a rhoddwyd enw newydd
arno sef Clwb Godre'r Eifl. Braf ydi medru dweud fod y clwb
hwn yn parhau i ffynnu, er nad ydi nifer yr aelodaeth yn fawr
iawn. Pery clybiau eraill i ddal eu tir yn yr ardal hefyd megis
Porth Dinllaen a Llangybi.

Byddai Clwb Pistyll yn cyfarfod ar nos Wener yn ystod
misoedd y gaeaf. Hen ysgol Pistyll oedd y man cyfarfod a
byddai yno danllwyth o dân yn ein cynhesu. Caem amrywiol
gyfarfodydd gyda siaradwyr da ac weithiau byddai aelodau o
glybiau eraill yn ymweld â ni a ninnau wedyn yn ein tro yn
ymweld â hwythau i noson gwis rhan amlaf. Byddwn yn
mwynhau yr eisteddfod a gynhelid yn Neuadd Penygroes yr
adeg honno. Yn y Rali wedyn, a fyddai'n cael ei chynnal yng
Nglynllifon, byddwn yn cystadlu ar y barnu stoc, tynnu
rhaff, bagio tractor a threlar ac, wrth gwrs, byddai'r ddawns
gyda'r nos yn hynod boblogaidd.

Parti Dawnsio Godre'r Eifl 1982 yn Sioe Llanelwedd

Parti Dawnsio Gwerin Godre'r Eifl
– Glesni ac Eleri ar y dde yn y rhes flaen

Sioeau Cerdd

Venue Cymru, Llandudno

Nid yn aml iawn os o gwbl, y mae rhywun yn medru mynd i Lundain i weld rhai o sioeau mawr y West End, felly pan ddaw rhyw gynhyrchiad eithaf arbennig i'r Venue yn Llandudno, fe fydda i'n trio cael fy nhraed yno. Yn wir, gyda theatr Pontio ym Mangor bellach wedi agor ei drysau ar ôl hir ddisgwyl, gobeithio y bydd ambell i gynhyrchiad nodedig yn dod yno hefyd.

Ymhlith y sioeau rydw i wedi'u gweld a chael pleser mawr ohonynt mae 'Riverdance' a nosweithiau yng nghwmni diddanwyr fel y canwr Gwyddelig Daniel O'Donnell a'r bytholwyrdd Max Boyce. Noson dda hefyd oedd honno hefo'r comedïwr o Lerpwl, John Bishop. Bob tro y caf fynd i wrando ar gyngherddau gan bobl ifanc fel Côr Glanaethwy, caf fy synnu gan yr holl dalent sydd gan Gymru i'w gynnig hefyd.

Rydw i'n eitha' hoff o fynd i Fanceinion i weld sioeau yn ogystal ac erbyn hyn wedi gweld 'Phantom of the Opera,' 'Jesus Christ Superstar,' 'Joseph and his Multicoloured Dream Coat' ac 'Evita.' Maen nhw i gyd yn sioeau cerdd ardderchog ac mi fydd y caneuon yn atseinio drwy fy mhen am ddyddiau os nad wythnosau ar ôl eu clywed.

Ysgol Sul Efailnewydd – Stori'r Geni 1985
– Eilir a Llŷr yw'r ddau fugail bach ar y chwith

Ein Priodas Arian, 24 Medi, 1991

113

Parti Hogia'r Mynydd yn diddori yn ein Parti Priodas Arian 1991

Mam ac Anti Jane yn ein Parti Priodas Arian
yn Bel Air, Pwllheli, Medi 24, 1991

Mynwent y Cymry – man gorffwys Hedd Wyn

Bedd Hedd Wyn yn Ypres, Gwlad Belg, 1994

Gwyliau Hwnt ac Yma

Creda Jean a minnau fod mynd ar wyliau yn bwysig iawn, er mwyn cael hoe yn naturiol, ond hefyd er mwyn dod i adnabod ein cynefin a thu hwnt. Gwyliau hefo bỳs foethus fydd y dewis sef bỳs Caelloi â Selwyn yn dreifio. Yn sicr, does gen i ddim awydd dreifio ar wyliau – dim 'busman's holiday' i mi, fel maen nhw'n ei alw fo!

Fel un sydd wedi bod yn ffermio am rai blynyddoedd, mae blas y tir yn dal yn gryf iawn ac felly mae rhywun yn gallu gweld mwy o fỳs na char ac yn sylwi ar wahanol ddulliau o ffermio ar hyd a lled y wlad o dde Lloegr – a lleoedd fel Eastbourne, Colchester ac Ynys Wyth – ymhell fyny i'r Alban ac ar draws y môr i Iwerddon. Rydan ni wedi bod dramor yn ogystal – i Swistir, yr Iseldiroedd ac i Ypres yng Ngwlad Belg i weld bedd Hedd Wyn. Bu rhai o'n cyd-deithwyr ar y bỳs yn canu englynion coffa enwog R. Williams Parry i Hedd Wyn uwch ben ei fedd ac roedd yn brofiad gwefreiddiol.

Yr Iseldiroedd

Cawsom sbort garw ar wyliau yn ne'r Iseldiroedd pan fuom yn aros yn Valkenburg. Hwn oedd ein gwyliau tramor cyntaf a hynny ym mis Awst 1994. Aethom i ben ryw dŵr uchel un diwrnod ac fe ddychrynodd Jean am ei bywyd. Wedi cyrraedd top y tŵr roedd yn rhaid cerdded o amgylch yr ochr allan ar blatfform llydan hefo llawr metel rhwyllog. Fedrai Jean ddim edrych o'i chwmpas o gwbl a phan edrychodd drwy'r llawr rhwyllog a gweld y ceir yn mynd ar y ffordd ymhell oddi tanom, teimlai ei hun yn cael ei thynnu tua'r ddaear a daeth yr ofn syrthio mwyaf dychrynllyd drosti.

Roedd hi'n swp sâl ac yn gafael fel gelen yn fy mraich!

Buom yn chwarae Bowlio 10 ar y gwyliau hwn hefyd, rhywbeth oedd yn newydd i lawer ohonom ar y daith. Roeddwn ar ben fy nigon ar ddiwedd y noson gan mai y fi fu'n fuddugol!

Chwarae Bowlio Deg yn Valkenberg, Awst 1994

Wrth ddychwelyd i'n gwesty ar noson arall, cafodd criw o rhyw ddeg ohonom ein dal mewn coblyn o storm o fellt a tharanau. Roeddem rhyw chwarter milltir o'r gwesty a doedd dim amdani ond troi fewn i dafarn yn ymyl i lochesu. Edrychai'r cwsmeriaid yno'n od iawn arnom yn cerdded i mewn yn socian ac yn siarad iaith ddieithr iddynt! Bu'n noson hwyliog iawn wedyn, beth bynnag yn enwedig ar ôl i ni ddechrau canu er mawr ddifyrrwch i'r bobl leol!

Wedi dod nôl adref, derbyniais gyfres o benillion drwy'r post gan y diweddar Henry Hughes o Lanarmon Dyffryn

Ceiriog. Roedd o wedi cofnodi'r gwyliau ar ffurf deg pennill
a dyma'i chi flas ohonynt:

'R ôl codi'r pedwar olaf
Llangollen ar y daith,
I uno'r criw o Wynedd
Ar ddechrau'r siwrnai faith.
Roedd pawb yn eitha sifil,
A'r dreifar yn johoi
Wrth gychwyn criw o Gymry
I Holland yn Caelloi.

Sobreiddiwyd ni yn sydyn
Ddydd Sul gan groesau gwyn
Lle gorwedd llu o filwyr
A chroes y bardd Hedd Wyn.
Y byd a fu dan gwmwl
A'r fwled yn ei bri
Ond gynt trwy waed y bechgyn
Y daeth ein rhyddid ni.

Ar ben y tŵr un diwrnod
Aeth un i bryder mawr
Gan afael yn ei Thomas
Rhag iddi syrthio'i lawr,
Ond yn y Ten-Pin-Bowling
Fe gawsant hwyl go iawn
Gan guro naw ohonom
Ac ennill marciau llawn.

'R ôl gadael clwb y peli
Roedd pawb yn sionc ei droed,
Oherwydd mellt a thranau
Ni fu ei fath erioed,

Ac wedyn ar y wisgi
Y buom heb ymdroi
Gan geisio meddwi Selwyn
Sy'n dreifio bws Caelloi.

Fe wibiodd wythnos heibio
Yn llawn o hwyl a sbri,
Fydd Valkenburg byth eto
'R un fath yn siŵr i chi,
Fe wnaed cyfeillion newydd
A sŵn eu chwerthin iach
I'n hebrwng i'n cartrefi
Yn ôl i Gymru fach.

Gwyliau yn Swistir

Aros yn Llyn Thun, yn Swistir oedden ni pan aethom ar yr
ail wyliau. Yr hyn wnaeth argraff fawr arnaf o'r eiliad gyntaf
y rhois fy nhroed ar dir y wlad hon oedd mor daclus a glân
iawn oedd hi. Doedd dim sbwriel yn unman a blodau ymhob
man ac yn hongian yn raeadrog o ffenestri'r tai a'r gwestai.
Aethom mewn cwch, neu dacsi dŵr fel y'i gelwid o yno, dros
y llyn un diwrnod a mynd i fyny mynydd mewn cadeiriau
pwrpasol. Roedd yno olygfa anhygoel ond yr hyn aeth â
mryd i oedd y gwartheg hefo clychau o amgylch eu gyddfau
a'r rheini'n tincial wrth iddynt symud o amgylch yn pori'r
borfa fras. Bu ond y dim i mi ddechrau canu fel Julie
Andrews yn y 'Sound of Music'!

Rhaeadr Menn yn y mynydd, Swisdir, 1996

Swisdir, 1996

Jean, Elizabeth a finna ger Llyn Genefa, Swisdir 1996

Yr Almaen

Kamp-Bornhofen oedd ein cartref oddi cartref yn yr Almaen, sef tref fach ar lan yr Afon Rhine. Un wraig oedd ar y daith hon oedd Morwenna Williams o Sir Fôn. Yr oedd hi eisioes yn gyfarwydd â'r ardal ac wedi teimlo ryw dawelwch ysbrydol arbennig oddi mewn i furiau'r eglwys Babyddol yno. O ganlyniad aeth ati i gyflwyno ryw fath o rodd i'r eglwys sef llun mewn ffrâm o eiriau emyn y Prifardd Gwilym R. Jones – 'Yn wylaidd plygu wnawn' ar dôn J. T. Rees sef 'Pen Parc.' Cyflwynwyd y llun i'r Tad Gilbert yn Eglwys Kamp-Bornhofen ar y 19eg o Hydref 1995. Yr oedd y mwyafrif o griw Caelloi wedi dod ynghyd i'r seremoni gyflwyno ac fe aethom ati i ganu'r emyn yn y fan a'r lle yn ddi-gyfeiliant a finnau'n gorfod ei 'tharo hi' fel mae nhw'n deud. Rhaid i mi gyfaddef i'r cyfan fod yn brofiad reit arbennig.

Ydym, rydym wedi mwynhau gwyliau amrywiol a difyr, ond ar ddiwedd y dydd, does unman yn debyg i Gymru chwaith fel y canodd y bardd Eifion Wyn:

Cymru fach i mi,
Bro y llus a'r llynnoedd,
Corlan y mynyddoedd,
Hawdd ei charu hi.

Peth braf ydi mynd ar wyliau lle mae popeth wedi'i drefnu i chi a chael mwynhau cwmnïaeth ffrindiau a hefyd gwneud ffrindiau newydd.

Emyn Gwilym R. a ganwyd yn yr eglwys yn Kamp Bornhofen

Ar gopa'r Mynydd yn y Swisdir, Awst 1996

Rhine a Dyffryn Moselle, Medi 16-23, 1993,
Thomas O., Jean, Edgar ac Elizabeth Gwên Lleyn

Ar ein gwyliau ar Ynys Wyth yng nghwmni Ifan ac Iola – ffrindiau oes

Y Blaenor

Mae'r capel a mynychu'r oedfa ar y Sul wedi bod yn bwysig i mi erioed. Yn blentyn, roeddwn yn mynd i'r capel a'r Ysgol Sul yng nghapel Llannor, sydd bellach wedi cau ac ar werth. Rydw i bellach yn aelod yng Nghapel y Drindod, Pwllheli a braint fawr i mi ym mis Mai 2013 oedd cael fy ethol yn flaenor. Mae Capel y Drindod yn gapel bywiog iawn ac mae'r diolch am hynny yn bennaf i'r gweinidog, y Parch Bryn Williams a'i wraig Nia, sy'n wreiddiol o bentref y Ffôr, yr holl swyddogion a'r aelodau. Mae aml i swydd o fewn y capel ond mae rhywun o blith yr aelodau bob amser yn barod i ymgymryd â'r ddyletswydd a helpu i gynnal yr achos.

Cynhelir tri chyfarfod ar y Sul sy'n cynnwys pregeth am ddeg y bore ynghyd ag Ysgol Sul y plant. Am ddau bydd Ysgol Sul yr oedolion a chawn bregeth arall wedyn am bump. Yn ystod y gaeaf, bob yn ail wythnos, bydd cyfarfod gweddi ar nos Lun gydag aelodau o'r ofalaeth yn cymryd rhan – hynny yw, o gapeli y Drindod, Abererch, Efailnewydd a Phenrhos. Byddwn yn achlysurol yn cyfarfod yng ngwahanol eglwysi'r ofalaeth fel bo'r galw a hefyd yn cael gwahoddiad i Gapel Penlan, Pwllheli gyda'r Annibynwyr.

Bob yn ail nos Wener o ddiwedd mis Hydref hyd at Ŵyl Dewi, cynhelir y Gymdeithas Ddiwylliannol. Cawn amrywiaeth o nosweithiau diddorol yng nghwmni gwahanol siaradwyr, offerynwyr, cantorion ac ar ddiwedd y cyfarfod bydd paned a bisged a chyfle i gymdeithasu. Ar ddiwedd y tymor, bydd swper Gŵyl Dewi gyda gwahoddedigion i'n diddori eto.

Na, yn sicr dydi Capel y Drindod ddim yn sefyll yn ei unfan ac mae'n cynnig digon o amrywiaeth i bob ystod oedran. Yn fy marn i, os ydi'n capeli ni am ddal eu tir, dyma'r ffordd ymlaen. Calon y gymuned yn sicr ydi'r capel i mi ac mae'n uno cymdeithas.

Y Plant

Mae gan Jean a minnau bedwar o blant fel y soniais eisioes, sef Glesni, Eleri, Eilir a Llŷr. Mae Glesni yn gweithio yn swyddfa Undeb Cenedlaethol yr Amaethwyr ym Mhwllheli ac yn briod â Merfyn. Mae ganddyn nhwythau un mab, sef Ioan sy'n un a'r bymtheg oed. Eleri yw'r ail blentyn ac mae hi'n gweithio fel ysgrifenyddes yn Ysgol y Bermo. Mae'n briod ag Aled ac yn byw i fyny'r cwm hyfryd hwnnw ym Meirionydd, sef Cwm Nantcol. Dau o blant sydd ganddyn nhw, sef Aron yn ugain oed ac Elliw yn ddwy a'r bymtheg. Eilir yw'n trydydd plentyn ac yn ddi-briod. Trydanwr ydi o wrth ei alwedigaeth. Llŷr yw'r ieuengaf o'r plant ac mae ganddo ddau blentyn, sef Mared yn saith a Guto yn bum mlwydd oed. Syrfewr gyda Chyngor Gwynedd ydi Llŷr. Oes, mae digon o waith prynu anrhegion pen-blwydd a Nadolig yma!

Glesni ac Eleri yn Pandy Bach, cartref Jean

*Eilir a Llŷr, Sioe Frenhinol,
Haf 1982*

*Glesni ac Eleri – priodas Elltyd a
Menna, teulu Jean, Medi 25, 1991*

Glesni, Eleri, Eilir, Llŷr a Pero – diwrnod bedydd Llŷr

Eilir 'Michelin' Williams

Nadolig 1991

*Ioan, mab Glesni, yn helpu taid hefo'r tŷ gwydr plastig
yn Ebrill 2010*

*Aron, mab Eleri, yn 2 oed
yn Gwên Lleyn*

*Llŷr hefo Aron, mab Eleri, yng
Nghefn Uchaf, Cwm Nantcol, 1996*

Aron ac Elliw – plant Eleri sy'n byw yng Nghwm Nantcol

Pytiau gan y plant

Glesni

Mae gen i gof plentyn o Dad a Mam yn didoli defaid yn y beudy yn Gwnhingar. Gan mai bychan oedden ni ill dwy, credwn fod yno gannoedd o ddefaid ond mae'n debyg bod y niferoedd dipyn yn llai na hynny. Doedd neb yn y tŷ i'n gwarchod ac felly doedd gan Mam ddim dewis ond ein rhoi i eistedd yn y minsier. Dyna lle'r oedden ni'n dwy yn sgrechian crio oherwydd fod y defaid yn edrych arnom!

Dro arall, roedd Mam wedi mynd i'r dref i wneud neges ac wedi gadael Eleri a finnau adref hefo Dad a Nain. Aeth Dad i symud lamp baraffin oddi ar ben y teledu ond syrthiodd o'i afael ac wrth geisio ei dal torrodd ei law yn ddrwg ar y gwydr. Y peth cyntaf gafodd Nain afael ynddo i lapio am law Dad oedd sanau gwyn newydd sbon Eleri a minnau. Roedd Mam wedi prynu'r rhain yn arbennig i ni eu gwisgo i fynd i'r Gymanfa! Mae'r digwyddiad hwn yn dal yn fyw iawn yn y cof yn bennaf oherwydd y lliw coch gwaedlyd ar sanau cwbl wyn, mae'n debyg.

Ar y ffordd i aros gyda ffrindiau yn Birmingham, cododd Dad ddyn oedd yn bodio lifft. Roedd gan Eleri a fi gymaint o'i ofn fel ein bod wedi symud i un ochr ar sedd gefn y car yn ddigon pell oddi wrtho. Gofynnodd y dyn i Dad fyddai o'n fodlon aros am ychydig yn y siop yn Llangynog i brynu baco a nôl fferins i ni ill dwy. Roedd Mam yn daer ar i Dad adael y dyn yn y siop a chario ymlaen ar ein taith ond yn nodweddiadol ohono, fe wrthododd! Ble'n union adawodd y dyn ni yn y diwedd, does gen i ddim cof – ond yn sicr fyddwn i ddim yn aros i'r un creadur sy'n bodio heddiw! Rwy'n siŵr fod fy ngŵr Merfyn a Ioan y mab wedi hen laru ar y stori hon bob tro y byddwn yn teithio lawr i aros gyda theulu Merfyn!

Eleri

Roeddwn i wrth fy modd yn helpu Dad adref ar y fferm. Cofiaf ei helpu i fwydo'r anifeiliaid – y fo'n dreifio'r tractor a finnau ar y trelar yn taflu gwair i'r gwartheg. Dro arall roedd Dad a Mam yn didoli moch yn y cwt moch a Glesni a minnau'n sefyll yn y drws cefn yn edrych – gallwch ddychmygu'r sŵn wrth i'r moch bach gael eu gwahanu oddi wrth eu mamau. Roedd y ddwy ohonom wedi dychryn cymaint fel yr aethom i guddio y tu ôl i'r teledu yn y parlwr ac roedd Dad a Mam yn methu'n glir â dod o hyd i ni. Chwerthin wnaeth y ddau pan gawsant hyd i ni ymhen amser!

Cofiaf yn dda i Glesni a minnau fynd i chwarae cuddio hefo Elfed, brawd Mam pan aethom draw i weld y teulu. Aeth y ddwy ohonom i guddio yn wardrob Elfed a chychwyn ffraeo. Wir i chi, fe syrthiodd y wardrob ymlaen ar y gwely diolch am hynny, ond fedrai'r un ohonom ddod allan! Sôn am weiddi a nadu. Cofiaf i ni gael pryd iawn o dafod yr adeg honno ond does gen i fawr o gof fod Dad wedi gwylltio ryw lawer hefo ni erioed.

Eilir

Rydw i'n cofio'n iawn am fynd i Bwllheli hefo Dad a Mam i hel neges. Rhoddwyd y bagiau bwyd ar sedd gefn y car rhwng Llŷr a minnau. Yn un o'r bagiau roedd torth ffres a fedrwn i ddim maddau i'r arogl hyfryd. Heb yn wybod i Dad na Mam, erbyn cyrraedd adref, roeddwn wedi bwyta crystyn y dorth i gyd! Cofiaf Dad yn dweud na chawn frechdan i de y diwrnod hwnnw a dyma ddechrau crio. Does gen i ddim cof i mi gael un wedyn, ond dwi'n siŵr bron fy mod i wedi cael maddeuant erbyn amser te.

Ydi mae Dad yn hyfforddi pobl i yrru yn ei gar, ond ar

ambell achlysur mae'r car wedi gorfod bod yn ambiwlans! Rwyf wedi bod yn ddigon anlwcus i gracio pont fy ysgwydd deirgwaith a hynny bron yn yr un fan. Dad sydd wedi fy ngyrru i'r ysbyty ym Mangor bob tro i gael pelydr-X. Os gwyddoch beth yw torri pont eich ysgwydd, mae'n gallu bod yn hynod o boenus, ond roedd Dad yn gallu fy nhawelu drwy siarad hefo fi yr holl ffordd i'r ysbyty.

Pan oedd Llŷr tua dwyflwydd a finnau'n dair oed, cofiaf fod allan yn yr ardd yn chwarae. Rydw i'n cofio'n iawn i mi fynd yn ôl i'r tŷ a dweud wrth Dad a Mam ein bod wedi cau'r giât rhag ofn i ni ddianc i'r lôn. Diniwed, ynde.

Llŷr

Gwylltiodd Mam yn gacwn hefo Eilir a fi un diwrnod tra oeddem yn chwarae pêl yn y parlwr o bobman. Yn anffodus, llwyddodd un ohonom i daro ci tsieina Mam ar ben y silff ben tân ac roedd hwnnw'n un o bâr! Doedd Dad ddim adref ar y pryd gan ei fod yn brysur gyda gwersi gyrru, felly chawsom ni ddim pryd o dafod ganddo fo. I ddweud y gwir, Mam fyddai'n gorfod dwrdio rhan amlaf, oherwydd fod Dad yn gweithio.

Enghraifft arall o hyn oedd dwyn ciwcymbar a thomatos o'r oergell a mynd i guddio i'r ardd i'w bwyta! Rhaid fy mod i'n llwglyd iawn ar y pryd. Pan aeth Mam ati i wneud salad i swper gyda'r nos, methai'n lân a deall lle'r oedd y llysiau wedi diflannu ond roedd ganddi ei amheuon. Buan iawn y medrodd fy nghael i gyfaddef. Cafodd Dad wybod yr hanes yn ddiweddarach y noson honno, ond ryw wenu wnaeth o a dweud wrtha i am beidio gwneud eto!

Ambell nos Sadwrn pan oeddwn yn fy arddegau cynnar, byddai Dad a Mam yn mynd i'r Cliffs ym Morfa Nefyn. Manteisiwn innau ar hyn a threfnu hefo fy ffrind Mark Saynor o Efailnewydd, i fynd i Bwllheli gan sicrhau fy mod adref yn ôl yn fy ngwely cyn i Dad a Mam gyrraedd adref. Ches i erioed fy nal chwaith ac os nad oedden nhw yn gwybod cynt, fe fyddan nhw rŵan!

Fy nghacen pen-blwydd yn saith-deg oed

Mared a Guto – plant Llŷr

Amser parcio'r car!

Rhaid i mi gyfaddef nad ydw i ddim yn gwybod yn iawn pryd rydw i am roi'r gorau i hyfforddi pobl i yrru, er fy mod i wedi cyrraedd Oed yr Addewid. Mae'n waith sy'n ddigon rhwydd i rywun ddal ati i'w gyflawni oherwydd nad yw'n golygu fawr o straen corfforol. Fel mae rhywun yn heneiddio, yn naturiol dydi'r corff ddim yn mynd i fod mor ystwyth ag oedd o pan oedd yn ifanc. Ond yn naturiol, fi piau'r dweud ynglŷn â faint o oriau bob diwrnod fydda i'n weithio a pha ddyddiau ac ati.

Rydw i'n dal i fwynhau fy ngwaith yn arw ac yn cael cyfle i gyfarfod amrywiaeth o bobl o'r difyr i'r annymunol yn achos rhai unigolion. Ar y cyfan, os maddeuwch y gair mwys, mae'n hawdd iawn gyrru ymlaen hefo pobl ifanc. Rydw i wedi mwynhau cwmnïaeth ddifyr ac mae'r rhan fwyaf ohonyn nhw eisiau gwneud eu gorau. Caf bleser o weld dysgwyr yn llwyddo a gobeithiaf fy mod wedi gwneud y gorau iddynt a'u bod yn gallu gyrru yn gwbl hyderus. Hoffwn feddwl y bydd hyn yn gymorth i ddiogelu ffyrdd cefn gwlad Llŷn a thu hwnt.

O ran bod yn hyfforddwr gyrru, byddwn yn cymeradwyo'r swydd i unrhyw un sy'n meddwl gwneud yr un swydd. Dau gyngor fyddwn i'n ei roi iddynt ydi bod yn gwbl onest hefo pob darpar-yrrwr a dal i wella yr hyn rydych yn ei wneud drwy fynychu cyrsiau pwrpasol ac yn y blaen. Mae cadw cysylltiad agos hefo cyd-hyfforddwyr yn yr ardal yn syniad da hefyd er mwyn cael gwyntyllu'r newyddion diweddaraf ym myd hyfforddi.

Pan ddaw diwrnod parcio'r car, teimlaf y gallaf edrych yn ôl ar yr hyn rwyf wedi'i wneud a hynny heb ddifaru. Mae fy niolch yn fawr i lawer o bobl, y teulu yn anad neb, ond yn benodol yr holl bobl rheini rydw i wedi'u hyfforddi i ddreifio. Y nhw sydd wedi bod yn gyfrifol 'mod i'n hapus iawn fy myd ac am ymddiried ynof fi i'w rhoi ar ben y ffordd. Diolch i chi i gyd.

Atgofion gan rai fu'n cael gwersi gyrru

Sioned Thomas, Rhiw – Rydw i a Robat, fy efaill wedi cael yr un profiadau'n union tra'n dysgu gyrru. Roedd o'n gwneud i ni deimlo'n hapus y tu ôl i lyw car. Ar un achlysur wrth yrru ar hyd y West End ym Mhwllheli, dyma fo'n dechrau canu 'Jesus Christ, Superstar' dros bob man. Dyna lle'r oeddwn i'n gyrru'n ofalus ond yn wên o glust i glust.

Carys Thomas, Rhos-fawr – roeddwn i wrth fy modd yn cael gwersi gan Thomas Owen am y rheswm fod y wers yn teimlo'n debycach i gael mynd am dro ar hyd a lled lonydd Llŷn ac Eifionydd. Byddem yn mynd heibio ryw le neilltuol a byddai yntau'n dweud ryw hanesyn am y fan – roedd y cyfarwyddiadau dreifio yn dod yn naturiol rywsut wrth sgwrsio'n hamddenol, a do, fe lwyddais yn fy mhrawf gyrru ar y cynnig cyntaf!

Ffion Bryn, Penrhos – Glesni, merch Tomos Owen, ydy un o ffrindiau pennaf Mam ac o ganlyniad mae Tomos a Jean yn rhan o fywydau Manon fy chwaer, a minnau – fel Taid Tomos a Nain Jean, yn sgîl yr amser a dreuliasom gyda Ioan Wyn eu hŵyr, yr ydw i'n eu hadnabod. Doedd dim amheuaeth mai Tomos Owen fyddai'n rhoi gwersi dreifio i ni ill dwy. Rhaid hefyd oedd cadw'r traddodiad teuluol gan mai Tomos fu'n rhoi gwersi dreifio i Dad. Tro Manon ddaeth gyntaf fel yr hynaf, a minnau yn hynod genfigennus o'r gwersi a gawsai bob pnawn Gwener drwy'r haf. Daethai adref yn aml yn gwenu ac yn piffian chwerthin tra'n crybwyll yr holl ymadroddion oedd gan Taid Tomos i'w hadrodd – 'Where there's a van, there's a man', 'The steeper the hill, the lower the gear' – ymysg nifer o rai eraill. Yswn am gael cyrraedd fy nwy a'r bymtheg oed, ond roedd pwysa ychwanegol ar fy sgwyddau i gan fod Manon wedi pasio tro cynta , o fewn tri mis i'w phen-blwydd. Ond doedd dim eisiau i mi boeni nac oedd – dyma gychwyn ar y cwrs o wersi hwyliog. Fedrwn i ddim peidio chwerthin ar ei jôcs . Un a brofai yn boblogaidd iawn ganddo oedd – 'Pa iaith sydd ar yr arwyddion? – Sign language!' Mae'n wyrth fy mod i wedi dysgu unrhywbeth o gofio faint o sgwrsio a wnaethon ni yn y Fiesta bach arian, heb sôn am y canu. Does dim angen radio gyda Tomos yn y car! Ond mae'n amlwg fod ei ddull hamddenol a hwyliog o ddysgu yn gweithio. Tra bod Mam yn daer 'mod i am fethu, am bum munud wedi dau ar yr ail a'r hugain o Fedi 2015 mi lwyddais yn y prawf! (A hynny o fewn yr un amser â Manon). Anghofiai fyth 'mo'r wên siriol gyfforddus ar wyneb Taid Tomos pan gyhoeddais fy mod i wedi pasio.

'Da iawn chi Miss Jones, gofal pia hi rŵan,' meddai yn ei lais dyfn, pwyllog.

A dyna fydda i'n drio ei gofio bob tro rydw i tu ôl i lyw fy Fiesta bach i. Diolch yn fawr i chi Taid Tomos.

Rhodri Jones, Rhos-Fawr – er 'mod i wedi dechrau gyrru hefo Dad neu Mam wrth fy ochor, doedd o ddim yn syniad da ac yn arwain at ambell ffrae. Roeddwn i angen y sglein ychwanegol i fynd ati i baratoi at y prawf gyrru a bod yn gwbl hyderus 'mod i'n gwybod beth i'w wneud a hynny yng nghwmni rhywun hefo digon o amynedd ac yn gwbl broffesiynol ei waith. Doedd dim ystyriaeth o gwbl pwy fedrai fy helpu a Thomas Owen oedd hwnnw. Roedd o'n gallu gwneud y gwersi'n hwyliog gyda'i ddywediadau clyfar a bachog heb sôn am fwrw iddi i ganu ar brydiau. Yn ogystal, mae ganddo ryw ffordd hamddenol o siarad a chyfleu yr hyn mae o eisiau ei bwysleisio. Yn wir, roedd yr awr o wers yn gwibio heibio bob tro. Diolch yn fawr iawn i chi.

Alun Jones Williams, Y Ffôr – Dim ond tractor roeddwn i wedi ei yrru cyn mynd am wers efo Tomos 'Ŵan', a doedd y 'Ford Fiesta' ddim byd tebyg i hwnnw. Er hynny, buan iawn y cafodd o hwyl ar ddangos i fi beth i'w wneud, a chael y dwylo a'r traed i weithio efo'i gilydd. Byddai'n morio canu 'Fflat Huw Puw' ar y ffordd yn ôl am Bwllheli, y ddau ohonom yn ddeuawd ddigon del i ddweud gwir, cystal os nad gwell na John ac Alun!

Syniad Da
Y bobl, y busnes – a byw breuddwyd

Glywsoch chi'r chwedl honno nad yw Cymry
Cymraeg yn bobl busnes?
Dyma gyfres sy'n rhoi ochr arall y geiniog.

**Straeon ein pobl fusnes:
yr ofnau a'r problemau wrth fentro;
hanes y twf a gwersi ysgol brofiad.**

Llaeth y Llan:
sefydlu busnes cynhyrchu
iogwrt ar fuarth fferm
uwch Dyffryn Clwyd yn
ystod dirwasgiad yr 1980au

Gwasg Carreg Gwalch:
gadael coleg a sefydlu
gwasg gyda
chefnogaeth ardalwyr
Dyffryn Conwy

*HANFODOL I BOBL IFANC AR GYRSIAU BUSNES
A BAGLORIAETH GYMREIG!
£5 yr un; www.carreg-gwalch.com*

Y Llinyn Aur

Rhiannon Evans, Gof Aur Tregaron

"Nid bywyd yw Bioleg:
Mi af yn ôl i'r wlad"

Rhiannon:
troi crefft yn fusnes yng nghefn gwlad Ceredigion

Canfas, Cof a Drws Coch

ANTHONY EVANS
Arlunydd

"Mae arlunwyr yn gweithio
o'r tywyllwch i'r goleuni ..."

Artist Annibynnol:
Anthony Evans yn adrodd hanes ei yrfa fel arlunydd, yn cynnwys sefydlu oriel a stiwdio gydweithredol

Perffaith Chwarae Teg

Cefin a Rhian Roberts
Ysgol Glanaethwy 1990–2011

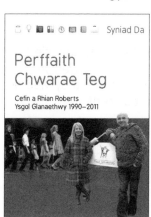

"Ti 'di dechra rwbath rŵan, yn do?
Fedri di'm 'i gadael hi'n fan'na, wyddost ti ..."

Ysgol Glanaethwy:
datblygu dawn yn broffesiynol a llwyddo ar lwyfan byd

Cadw'r Byd i Droi

CLEDWYN EVANS
Teiers Cambrian 1971–2011

"Os nad yw'r teier o'ch dewis gyda ni,
yna nid yw'n bodoli ..."

Teiers Cambrian:
cwmni o Aberystwyth sydd wedi tyfu i fod yn asiantaeth deiers mwyaf gwledydd Prydain

Geraint Jones

Moto Ni, Moto Coch

Canmlwyddiant Cwmni Bysus
Clynnog a Threfor

"Taniwch yr injan, canwch y gloch:
Mae canrif ar gychwyn i'r Moto Coch!"

Moto Ni, Moto Coch
Canmlwyddiant y cwmni bysus
cydweithredol ym mhentrefi
Clynnog a Threfor

Cryfder ar y Cyd

Mentrau cydweithredol
pentrefi'r Eifl

"Oherwydd yr un cymhellion, mae'n siŵr,
â'n cyndeidiau flynyddoedd yn ôl . . ."

**Mentrau Cydweithredol
Pentrefi'r Eifl:**
Nant Gwrtheyrn; Tafarn y Fic;
Siop Llithfaen, Garej Clynnog,
Antur Aelhaearn

Torri Gwallt yn Igam Ogam

Gol. Rhian Jones

'Rydym ill dwy'n mwynhau yr hyn
a wnawn o ddydd i ddydd ...'

Trin Gwalltiau yng Nghricieth
Menter Jano ac Anwen yn
sefydlu siop ddifyr a bywiog ar
ôl dysgu eu crefft

Llongau Tir Sych

Thomas Herbert Jones
Caelloi Cymru 1851-2011

"Un o'r pethau gwaethaf wnaiff
rhywun ydi ymddeol..."

Caelloi Cymru:
cwmni bysys moethus o Lŷn
sy'n ddolen rhwng Cymru ac
Ewrop

Petrol, Pyst a Peints

Busnesau Cefen Gwlad
Brian Llewelyn

'Pan fydd eich busnes yn fychan, rhaid ichi
ymddangos yn fawr; pan fyddwch chi'n fawr –
dyna pryd y mae dangos eich bod yn fach.'

Tafarn Sinc
Stori busnes nwyddau
amaethyddol, garej a thafarn
wrth droed y Preseli

Bwydo'r Bobol

STUART LLOYD
Siop Chips Lloyd o Lanbed

"A phawb eisiau ffish a tships
cyn mynd adre . . ."

Siop Chips
Hanes y diwydiant poblogaidd
hwn drwy ffenest siop chips
boblogaidd yn Llanbed

Cap Gwlân a'r Oriau Mân

Ifan Garej Ceiri a'i Fusnes Cymunedol
Gol: Rhian Jones

'Pe bai popeth yn hawdd ym myd busnes,
byddai gan bawb ei fusnes ei hun!'

Y Dyn Cynnar:
Amrywiaeth o fusnesau yn
cadw Ifan Loj
Llanaelhaearn yn brysur

Tyddyn Sachau – tyddyn y blodau

Gol: Rhian Jones

Canolfan Arddio
Stori teulu yn dechrau tyfu
tomatos gan dyfu i fod yn
ganolfan arddio o'r radd flaenaf
ger Pwllheli

'Plannu gardd yw plannu hapusrwydd . . . '

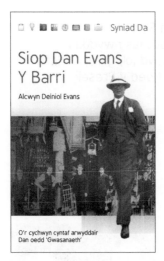

O'r cychwyn cyntaf arwyddair
Dan oedd 'Gwasanaeth'

Un o Siopau Mawr y Barri
Stori sefydlu, twf a
diweddglo'r siop Gymreig hon

Sylwadau ar fusnes a bywyd,
gyrfa a gwaith gan **Gari Wyn**
y gwerthwr ceir llwyddiannus
a sefydlodd Ceir Cymru
Dadansoddi treiddgar; 200
tudalen; £7.50